精神分析能動創傷幾根寒毛？

蔡榮裕

目　錄

推薦序 / 楊添圍

結構的自由，或能拉近了情緒與思考的距離？

這本書，本文大約13萬字。

寫推薦序，特別是蔡榮裕醫師、學長的書，是個艱辛的工作，甚至於比自己寫司法精神鑑定報告，還要艱辛好幾倍。

坦白說，在讀了兩次之後，我才開始讀到「創傷」。接著，氛圍與相關敘事依舊，但是，很快的，又失去了小小說故事的「主軸」。然後呢，被好幾個系列的詩給介入，於是，有點漫遊起來。之後，又是一篇小說，才重拾一些感觸回來。接續著，很多很多的隨筆、雜文、短篇，但是負擔有時重，有時輕。最後，淪陷到一篇劇本裡。

最後的最後，終於到了跋和作者謝辭，如釋重負。

在接觸到一時無法命名的事物時，總是會用自己熟悉的老技術來應對看看。

閱讀全文後，我整理了一下全文的框架，也算是檢視所謂的結構形式，一種精神病理的探查。全文起頭，小小說一篇，共12章。詩，則有三個系列，每系列6首詩。還有小說一篇，有三章。隨筆，7篇，其中6篇分AB面，1篇有

ABC面。雜文，4篇。劇本，則有四幕。最後，除了跋，還有作者謝辭。我確認了幾次，還是很怕自己算錯（我還是很懷疑自己算錯了什麼！）。

對於精神分析懷有敵意的精神病理學者、哲學家雅斯培說：精神病理學，著重於形式，分析形式與結構的意義；精神分析，則喜歡內容的意義，解讀與解釋內容。

但是，一本記述精神分析與創傷的書，內文為何有這麼多不同形式呢？其中，小小說和小說的差別是什麼？隨筆和雜文的差別是什麼？詩有三個系列6篇。隨筆，多數分AB面，一篇分ABC。隨筆又分面，是什麼意義呢？

習慣診斷學的精神科醫師，總是希望異中求同，找出符合「診斷準則」的條件，找出症狀的形式結構。當然，我們也很容易發現，同一個人，面對不同的人，不同的時段，不同的應對，甚至於不同的溫度與氣候，會表現出不同的話語。或許，在這些不同的敘事裡，體驗不同的想像與解釋，也是很迷人的。

我甚至於想像，不同的前後編排，是否也可能產生不同的閱讀呢？

還有，在我認識的一部分蔡榮裕醫師，是相當不喜歡結構的。或者是說，蔡榮裕醫師對於截然清楚的定義，武斷的理論語言，是相當擔心與抗拒的。因為，這樣會失去精神動力的彈性與可能性。當然，這是我的理解，我的語言。

相較於自己熟悉以司法精神醫學的觀點來思考，對於

不確定的事情，常常更努力去確認，自己在哪些部分真的不確定。蔡醫師則說：「這本書只是作爲多思考的文字，不要在字裡行間找尋一定要如何做的答案」。在文字與著作的領域，在敘事學科的領域，這是多麼令人忌妒的自由啊！

　　作爲一位心理治療的逃兵，未曾完成過一首詩的阿米巴詩社社員，我的推薦文，只能就此打住。恭喜啊，這是第三本書。

楊添圍
臺北市立聯合醫院松德院區院長
精神科專科醫師
專長　司法精神醫學
曾爲高雄醫學院阿米巴詩社社員

推薦序 / 林玉華

試讀躺椅上的書

　　精神分析這家矗立一百多年的老店，於1966年以朱光潛的《變態心理學》以及高覺敷翻譯1967年再版的《精神分析引論》(1935年第一次出版)在台灣拉開序幕。六、七○年代佛洛伊德的譯著在台灣相繼出爐，可惜這波譯潮曇花一現。直到九○年代精神分析在台灣再度掀起熱潮，許多學術界和臨床界的先驅相繼負笈英美法接受長期臨床訓練，(1997年我啓動了英倫朝聖團的機制，隨後蔡榮裕、劉佳昌、樊雪梅、陳俊澤、游佩琳、邱顯智、許宗蔚、魏秀年、許欣偉、林怡青、張秀玲、黃燕珠、李俊毅、汪振洋、葉怡寧等相繼回應了倫敦丘嶺上躺椅的呼喚[1]，至今負笈英倫朝聖的人潮依然絡繹不絕。) 民國九十二年，在楊明敏醫師極力呼籲之下，台灣終於成立「臺灣精神分析學會」，作者蔡榮裕醫師擔任第一任理事長[2]。經過多年的墾

---

[1] 當時倫敦的分析師主要集中在Hampstead Heath及其週邊。蔡榮裕醫師在倫敦那幾年，應該已經踏遍了丘嶺的所有角落了吧！其隨筆、夢幻倫敦，常常以丘嶺以及由丘嶺的地鐵站延展出去的倫敦各個劇場為主，閱讀他的英倫隨筆，常有身歷其境的感覺，特別親切。

[2] 細細閱讀蔡榮裕醫師的文章，不難發現蔡醫師在精神分析這個領域的深耕，以及他想讓精神分析在這塊土地紮根的虔誠。台灣的精神分析推廣能有今天，他的堅持和包容力不容忽視。我常跟學生說，稱蔡醫師為台灣精神分析之父並不為過。

荒，台灣終於有了英國、美國以及國際精神分析學會
(IPA)認證的精神分析師，並於2015年成為IPA Study
Group的會員國之一。這一間老店，終於要在台灣開分店
了，然而這家百年老店的葫蘆裡到底賣著甚麼樣的藥？

《精神分析能動創傷幾根寒毛？》書名欲言又止，答
案卻又蠢蠢欲動……

佛洛伊德1909年受邀至美國克拉克大學的演講中說：
「……我們對於這個領域的知識仍然非常有限……你們可能
已經正確地發現，我們所呈現的是一個非常不完整的理
論……你們有足夠的理由採取不信任的態度……」。
三十年後精神分析找到它的出路了嗎？1913年佛洛伊
德謙虛地指出，精神分析預期達成的理想狀態，即使在正
常人身上仍不易獲得：只有少數治療能將病人帶到此狀態
的起點。1937年再度談論精神分析的目標時，佛洛伊德仍
然如此說：「精神分析……是一種不可能的專業……人們已
經可以確定地預期它注定會有一個不令人滿意的結果……」
(Freud, 1937, p. 248)。
第一篇小小說中，蔡榮裕醫師在作者與文字之間以及
治療師與病人之間來回穿梭，訴說著一百年後精神分析這
間老店如何仍然踩在一個永遠無法平衡的翹翹板上。

模糊、遲疑與思考……

我突然納悶起來，你所說白天的遭遇，「白天」兩個字被突顯了出來，因為所說的都是黑色故事的世界，只是為了替白天搭上背景。不過，我還不知道這兩個字的真正意義是什麼？(p.26)

空白的困難……

……當你特別加重口語表達疑惑時，我才發現原來你所說晚上的困難，的確和白天的困難有所差別……但是我還是難以克制地比對，你以前所說的種種故事，我為了要找出路，或只是為了讓自己埋進黑暗裡？有人說過，太亮的地方需要一道黑暗，才能看清楚眼前的事……要讓自己處在完全不知道的茫然裡，對我來說也是有困難度的……(p.26-27)

學習與理解……

我也知道你是在教我一些深度心理的感受，但你是以不知道的方式在教我，了解莫名的不安和無聊的感覺……至少，無聊的感覺還是比較令你安心……(p.27)

你是想試著告訴我，如果你能做決定的話，你最想決

定的是把我踢出你的思緒之外，......我當然無法確定，你是不是這樣子想？但是當我這麼想時，我突然覺得，你的抱怨有了一條細縫，可以讓我思索了......就算只是個疑問，讓我能夠再重新觀察和想像此刻正在說的話語。(p.37)

等待......

我想著是否要這麼說，雖然這是我的新發現，對於新發現，我提醒自己最好等待再觀察和消化一下，這是怎麼回事？不然，如果我將這新發現說穿了，誤以為這是幫助你看清自己，那麼，在面對突然的揭開面紗後，你晚上還能有什麼，作為你處理那種莫名不安的方式？(p.27)

我想著，在治療過程裡不時出現的命題，我要多快速逼近那些困難呢？(p.57)

反思......

你可能想要抱怨我，因為我一直沒有說出，我的沈思和努力想要了解你的內容 ； 你是想抱怨我只是在旁邊看，根本沒有要幫你的意思......我的話還沒有說完，你突然開始掉眼淚......其實，我不知道到底發生了什麼事？(p.29)

你沈默有七八分鐘吧，直到此次治療的結束。我的聯想也許打中了什麼，但是你以沈默回應，這沈默是思索？

或者是反擊呢？仍很難判定，但是我可以感受到，你的確
碰到了一些受苦的經驗。(p.57）

修正

　　真的，我沒有理由在這種困惑裡，還強說我了解你的
困局，我真的需要消化一下眼前這種難解的困局。(p.29）

　　當我試圖要說些話時，卻在開口後，很快就被你擋回
來了。我才突然發覺，我需要修正剛剛的想像，看來我剛
剛的想像裡，忽略了某種有硬度難以介入的感覺。(p.30）

注定是一個無法令人滿意的旅程

　　心理治療就是在不了解裡逐步往前走，因此是冒險的
旅程。雖然這麼說時，可能會讓那些期待我們是無所不知
的人，因此感到失望，甚至因此而看不起我們，以為我們
是有瑕疵的產物。(p.29）

導讀躺椅上的書中書

　　有位智者說過，每一個人都像一本書，要用心讀才能
讀懂他。作為　個臨床工作者，每天閱讀著躺椅上的書，

有些書是每天讀一次，另一些則是每週讀一次、兩次、三次或四次。五年、十年、十五年……持續讀著同一本書，以為這樣重複地讀著，讀久了，或許有一天終究是會讀懂書中人的。然而，在在挫敗的經驗終究讓讀書人的驕傲遁形。躺椅上的書本來就變化多端，參雜著各種文體、格式，深澀難懂，有時候寫書的人，也不知道自己在寫甚麼；讀書的人則多半是霧裡看花；更慘的是，還有一本叫做讀書人的書，這本書比躺椅上的書，更難讀，更需要被讀懂。佛洛伊德早就說過了，臨床工作者若想以自己的潛意識作為個案潛意識的接收器，他必須讓自己的心理狀態達到一個高度，也就是他不能在意識中容忍自己抗拒任何潛意識所覺知到的。這是甚麼樣的境界？有人去過那裡嗎？佛洛伊德認為臨床工作者接受個人分析的淨化也許是個出路。然而怎麼淨化？淨化可能嗎？佛洛伊德又說了，個人分析終究是不完整的，即使結案之後持續自我分析，也必須安然接受自我了解的有限與不足。既然沒有人可以完全被淨化，那麼有淨化者這回事嗎？自己從未去過的地方，如何帶他人去呢？佛洛伊德有做了一個這樣的結論，臨床工作者對於個案的幫助，僅止於他自己的衝突和阻抗所許可的部分。然而知道了這樣的限度就夠了嗎？讀書人在導讀的歷程中如何知道自己沒有迷路呢？即使偶而靈光乍現，發現自己迷路了，又如何將自己和書中人帶回原本的旅程呢？既然讀書人的這本書無法完全被讀懂，又要去讀躺椅上的書，難怪書中人有時候會想從躺椅上跳起來重

寫讀書人的書。

精神分析到底能動創傷幾根寒毛？診療室中上演的戲碼，比斯芬克斯的謎題更難解：躺椅後面的讀書人和躺椅上的書中人各自解讀，在導遊的路上往往擦身而過；偶爾路上相遇，狀況好的話，似曾相識，更糟的是，形同陌路；漫長旅程中風風雨雨，雨過天晴之後的寧靜，總讓人戰戰兢兢，不知道雙方是否可以度過下一回的暴風雨。

這樣的旅程，到底有甚麼好玩？是想探索真相的執著嗎？還是想再度經歷不能被記得的創傷？是想給自己一個機會，讓這次可以落在一個不一樣的終點？還是想讓一個陌生人，一個不太會讀書的人，也陷在暴風雨的困境？又或是在這個跌跌撞撞的旅程中，書中人感受到了讀書人甚麼也不能做，但是他真的努力了，盡力了。是這種感動（或是陪伴）讓書中人願意繼續給讀書人機會嗎？

一位英國分析師Bion是這樣說的：對於個案的理解，是無效的；它不是錯誤的，就是不相關的，如果分析師和個案都理解了，那就是已經過時的；歷史和未來都必須被忘掉，因為記憶會誤導，慾望會扭曲判斷。讀書人要維持在「不知(unknown)」的狀態，才不會讓假設占據心智，才不會讓想了解或想治療個案的慾望擴散，而是讓想法在黑暗和無形當中自然浮現（Bion, 1967）。如果是這樣的話，那麼在理解和不能理解之間、記得和不記得之間、知道和不知道之間、說與不說之間，讀書人只能找到一個被允許存的位置，讓「不懂」教會讀書人等待，教會他思考。這

樣的旅程到底要怎麼走，躺椅上這本書到底要讀多久？佛洛伊德早就說過了，沒有一套可遵循的法則……，但是最艱難的路仍是最近的一條路。躺椅後面的讀書人和躺椅上的書中人之間的距離，恐怕永遠都是最遠的，也是最近的。

林玉華
國際精神分析學會精神分析師
曾任輔仁大學醫學院臨床心理學系系主任
現任傳心心理治療所所長

推薦序 / 李詠慧

精神分析的二、三事

說到精神分析，你想到些甚麼？

說到精神分析，你會想要知道些甚麼？

作為一名精神分析取向的治療者，在診療室之內和之外，你一定也經常陷入思考的迷霧，在霧中既想要探尋舞台正在上演哪段移情，回頭也還要留意自己內在的那片舞台是否也開始沾染星火。而作為一名被治療者時，你除了想要知道關於自己的困頓，忽然之間，你也還對治療者的一切好奇起來。還好，關於在精神分析治療當中的這些和那些，你可能會想要知道的事，蔡榮裕醫師寫了一系列的書。現在很可以這麼說了，因為這本「精神分析能動創傷幾根寒毛？」是他即將要出版的第三本書，而我有一種感覺，以後還會有著超蓬勃的發展。

閱讀蔡榮裕醫師的書寫，向來不是三兩下就能完成的事，明明前進到下一頁了，卻又想翻回上一頁，再多看一次。不過或許正因為如此，總是在閱讀的當中，想到許多事，許多關於精神分析的事。

關於自由聯想

　　自由聯想，是精神分析的基礎。然而，只要和個案工作，就會知道自由聯想其實很難自由。而且，在要求個案自由聯想的另一端的治療師呢？又要如何保持內在自由聯想的流動，才有著相對的空間來涵容得下個案呢？蔡榮裕醫師的書寫，許多是來自於治療師的自由聯想。書中的治療師「我」，總是如此亦步亦趨的，不走在個案的前方，也不落在個案之後，字字句句都緊扣著：我真的知道了嗎？這使我想到比昂說的「K聯結」，比昂說K是「想知道」為什麼，K是一種動態，而不是結局。這樣的治療，其實很溫柔。

關於詮釋

　　詮釋，是從病人給出的材料中去揭露出底下潛藏的意義。而我認為，蔡榮裕醫師是用一整本書，來做出他的詮釋。一個他對於精神分析的詮釋，一個他對於精神分析取向心理治療的詮釋，更是他對於人性的詮釋。他的詮釋有著多變的樣貌，畢竟詮釋從來就沒有甚麼標準答案。詮釋有時是如詩一樣的簡短，有時要如小說般的吸引人，甚至是詼諧的；或者，詮釋有時也會像蔡醫師的隨筆一樣，那麼深邃卻不著痕跡，更有華麗版的詮釋如同雜文那樣的漸

進推演。

關於伊底帕斯情結

這是佛洛伊德的創見，他發現到自己對於母親的愛，伴隨著對父親的忌妒與愛，一起在他的內心攪和起伏著，「於是，我們可以了解那令人目眩神迷的伊底帕斯的力量……每個人都會知道這是甚麼，因為他們打從心裡感覺到這股衝動的存在」。我興味盎然的看著，「我和我老大的三個女人」中的文龍，在心裡掠過伊底帕斯的身影。文龍被老大指派，去監督他的女人們所寫出來的文字，文龍真的很認真監督，只是文龍也有文龍的衝動，老大的女人們在老大很忙時，也各自有著她們的衝動，而且後來裴娜肚子居然大了起來。（細節我就不寫了，劇透了。）我不禁想著，文龍如此全心崇拜，有辦事能力，又顧及美感的老大，在文龍的心中到底是誰？還是甚麼的化身？這情節的發展，是否像是在父親的允許之下，跟他的女人們發生關係呢？這三個女人又分別象徵著甚麼呢？一邊是老大的三個女人，一邊是老大，這兩邊，文龍到底是想知道還是不想知道，還是不能夠去知道呢？

很湊巧，2017年5月份即將舉辦的【國際精神分析學會2017亞洲區國際會議】在臺灣的主題也是：Asian Oedipus。看來可以再一起繼續思考下去。

關於我們的精神分析的故事

翻閱著蔡榮裕醫師的新書，我也想起那個關於我們的故事。放心，不是蔡醫師跟我之間的故事啦。而是關於蔡醫師和精神分析和我，那是真的有個故事一直在延續著的。很久很久以前……

我參加由交通大學諮商中心所舉辦的「精神分析專業工作坊」，講師正是蔡榮裕醫師。工作坊每個月一次，一整天六個小時，然後，春夏秋冬就這樣過了四年，不知能否稱得上是史上最長工作坊？悠悠四年，是我的精神分析小學堂。至少在頭兩年，當我們還沒有開始討論個案的時候，蔡醫師就是一個人從早講到晚，講滿6小時關於精神分析的種種，現在想起來，實在是太令人佩服了。2004年開始，有了「臺灣精神分析學會」，於是我們又開始在當時的理事長，蔡醫師暗暗的辦公室裡，每個月兩次的讀書會，一起閱讀討論許多關於精神分析的理論和臨床種種。2007年學會的推廣課程：「精神分析春秋季班」改變課程進行的方式，決定採取一小時課程，一小時討論的方式來進行，而我也是帶領小組討論的小組長之一。課程策劃人蔡醫師，為了穩定當時小組長們不安的心，居然邀請大家每週日深夜先針對下週的課程進行1.5小時的預習和討論，大約持續了兩年吧，簡直就是我的精神分析補習班了！每每小組長間互丟訊息，快累趴了的時候，蔡醫師總還是維持著穩穩的語調，很投入的對我們講述，與我們討論著。

這些，都只是故事的開端。

　　在學習精神分析的道路上，蔡榮裕醫師是我的啟蒙老師，總是令我感佩和感動，而更因著他對於精神分析的熱忱和投入，使得精神分析和我之間開始有了故事。如果你對於精神分析也有興趣，如果你也好奇自己和精神分析之間能發展出甚麼樣的故事，閱讀這本書，相信你不只會知道關於精神分析的二、三事，還有關於精神分析的三四五六七八九十事，都等著你來發現！

李詠慧
臺灣精神分析學會會員
心理治療師及諮商心理師

推薦序 / 李俊毅

診療室中，誰是普羅米修斯？誰又是薛西弗斯？

　　《精神分析能動創傷幾根寒毛？》，這個書名顯然具備濃烈的自我批判色彩。創傷，能有多少位移，在治療之後？這很難回答，即使回答也令人沮喪。倒是，精神分析真是用來撼動創傷的嗎？即使是幾根寒毛。還是我們得承認André Green所言，創傷讓享樂原則不再主宰人類心靈，一切消弭創傷的努力反而滋養不快樂的內在需求？這有待讀者們在書中爬梳印證各自心中的想法了。

　　蔡醫師在書末特別提醒讀者不要把這本書當作治療者手冊，這樣的叮嚀只怕更突顯本書作為臨床實務指引的實用性與可能性；的確，除了外在事件引發靈感的短詩系列，這本書的內容蠻大程度貼近診療室中的真實情境，讀者不妨抱著看小說學精神分析的心態來閱讀這本著作。蔡醫師的文字一向不具華麗文采，平鋪直敘的對話與獨白讓讀者冷不防卸下盔甲，近身體驗這個充滿禁忌的暗黑內在世界。閱讀蔡醫師的文章之前，我建議先瀏覽以下的使用說明書。第一：閱讀本書不宜邊泡茶邊啃瓜子，也不好邊吃爆米花邊喝可樂。第二：帶著這本書，進到診療室，坐上診療椅，邊看文稿邊想像自己正在跟躺椅上的個案對

話，讓自己的思考任憑書中的情節，馳騁於這盤根錯節卻充滿無限想像的心靈空間。

蔡醫師在無境文化【思想起】潛意識叢書的第三本著作，分成「小小說」（精神分析取向心理治療經驗談）、「詩」、「小說」、「隨筆」、「雜文」與新增的「劇本」，編排些微不同於前兩冊。以往的「精神分析取向心理治療經驗談」這次特別歸類於「小小說」，細讀之後，我直覺聯想到佛洛伊德在朵拉、鼠人、狼人等等幾篇著名案例的古典書寫方式。蔡醫師把診療室中與個案工作的思考流程以雙向互動式的描繪形式記錄下來，讀者閱讀時彷彿是「附身」在蔡醫師身上，隨著他的思緒起伏、流動、停滯、遲疑、轉向，如同佛洛伊德在朵拉一文中的形容：「一道水流遇到河床的障礙物，被阻塞之後，會回流進入早先似乎注定乾涸的古老河道」。個案的一番話，一個動作，一陣沈默，往往引來治療者更多的想像與臆測：「到底她（他）想告訴我什麼呢？」治療者如何維持「潦落去，但是不偏不倚」（involved impartiality），又能存活、乃至悠遊於槍林彈雨般的治療情境中呢？

小說〈我和我老大的三個女人〉一文中，老大杜沙的三個女人早年各自有不同的創傷經驗，也都各自強迫性地重複著什麼：裴娜看《夢的解析》，不斷的買書；瑪麗不斷重複《巴黎最後探戈》的一段舞曲；教父瑪麗則是不斷重現《教父》中一段中彈倒地的情節；有趣的是，她們不約而同都喜歡書寫。藉由不斷書寫，她們得到什麼呢？或

是說，恐懼失去什麼呢？這是我的好奇，應該也是讀者們的好奇。數篇短文集結而成的「隨筆」，字裏行間瀰漫著南台灣鄉間散發出來的獨特鄉愁與回憶，這款泥土香與草根味，我想唯有成長於高雄鄉間的蔡醫師才描繪得出來吧！文中提及的赫曼‧赫塞的《鄉愁》與《荒原狼》，愛德華‧薩伊德的《鄉關何處》，傑克‧倫敦的《野性的呼喚》等等巧妙地襯托出這樣的情懷。「雜文」這一部分算是蔡醫師在精神分析領域的讀書筆記，以及多年來國際研討會的心得，臨床工作者應當熟悉蔡醫師的筆觸與風格。蔡醫師長年在臉書上發表的文章質量兼備，造福後進晚輩甚多，這也讓我極度感念十多年前「臺灣精神分析學會」成立不久，蔡醫師每兩週一次搭飛機到高雄為在地的心理治療工作者上課的熱忱。

　　我特別想談談這一本書新闢的「劇本」。這一部名為《每一個人都有戲》的作品，依順序分為：序幕、第一幕：他的戲碼（他想對父親說）、第二幕：他的戲碼（他想對我說）、第三幕：我的戲碼（我想對他說）、第四幕：我的戲碼（我想對他母親說）、謝幕。依內容來看，這是一齣獨缺腳本的準四幕舞台劇，描繪的是診療室中一位三十多歲的女性心理治療師與十六歲少年個案的心理治療歷程，因此，蔡醫師說這可當作一齣「內心戲」。這個劇本精準模擬了來自個案與治療師兩方各自的心理攻防，說來就是移情、反移情、投射認同等等防衛機轉的具體呈現。依性質而言，「小小說」（精神分析取向心理治療經

驗談）是治療師本身獨自的內在對話，而「劇本」的《每一個人都有戲》是模擬治療者與被治療者間的雙向對話。我真是衷心期盼哪天蔡醫師將這個劇本寫成可以在舞台上演出的舞台劇腳本，並且有機會上演，到時蔡醫師又得叮嚀大家不要把它當成治療者手冊了。

多年前，Christopher Bollas在一次上課時說，當他困惑於躺椅上的個案對他傳達的訊息時，他會試著完全放輕鬆地將自己的身體「丟入」診療椅中，說著說著，隨性擺出一副埋身/癱軟在懶骨頭沙發的模樣。多年後，我無法否認自己在診療室中依然難以達到那般境界，那是一種身體與心理互相拮抗的狀態，我發覺自己經常處於不自主緊繃的狀態，我坦然承認對躺椅上來來去去的個案確實所知甚少甚淺，即使在精神醫學界載浮載沉超過二十個年頭，也將自己鎖在心理診療室好長一段時間，不得不感嘆人性確實令人迷惘，即使它們是如此引人入勝。精神分析思考邏輯原本就不是線性的，反倒是曲曲折折、看不到盡頭的，治療者的視野總是籠罩著迷霧般的不確定性，多數時候能依循的只有對話中一瞬火花般出現的吉光片羽。一次與Mary Target與Nicola Abel-Hirsch在倫敦的一處pub聚餐時，她們笑稱我們這一群號稱「資深的」精神科醫師是「too junior to be senior」。是啊，在深邃未知的人性前，我們永遠都是junior。

　　蔡醫師作爲一個具有精神科醫師背景的精神分析取向心理治療實務先行者，也是臺灣精神分析學會的首任理事長，多年來戮力於建立臺灣精神分析學會與國際精神分析學會接軌，也兢兢業業在臺灣各地舉辦並參與各種學術活動，他的堅持與毅力令人由衷感佩。2017年5月4日-6日是臺灣精神分析學會承辦，國際精神分析學會主辦的亞洲區國際會議，主題是「亞洲伊底帕斯」，這將是國內精神分析學界的盛事。這本書會在這個重要國際會議前出版，這個時間點對於蔡醫師應該特別有紀念意義，很大程度代表蔡醫師長期耕耘精神分析的努力終於開花結果了。

李俊毅

高雄長庚醫院精神科系／身心醫學科主治醫師

臺灣精神分析學會會員

英國倫敦大學學院理論精神分析碩士

無境文化【生活】應用精神分析系列叢書策劃

小小說

（精神分析取向心理治療經驗談）

第一章

有時候，眼淚帶來了更多不解？

你提及，白天工作的種種困難，在這方面的描述，你已經練就了很厲害的說詞。但是說了不久後，從你遺留下來的尾音口氣裡，好像那些困難又已經被你克服了。不過，沒多久你又再度重複，你在白天工作時所遭遇的困難。

我突然納悶起來，你所說白天的遭遇，「白天」兩個字被突顯了出來，因爲所說的都是黑色故事的世界，只是爲了替白天搭上背景。不過，我還不知道這兩個字的眞正意義是什麼？

我甚至覺得混淆了，不知你要表達的是什麼？後來，你用一種不經意的方式，提及晚上的困難，讓你不知怎麼辦？你再說，眞的，不知道該怎麼辦？反正就是有種莫名的不安。你至少兩度以加重口氣說，你偏偏就是不知道這是怎麼回事？這是爲了說服我的話，不是對你自己說的證詞。

當你特別加重口語表達疑惑時，我才發現原來你所說晚上的困難，的確和白天的困難有所差別。我回想你曾說的一些故事，雖然我最需要的是再專注，你當前要表達什麼？但是我還是難以克制地比對，你以前所說的種種故事，我爲了要找出路，或只是爲了讓自己埋進黑暗裡？有人說過，太亮的地方需要一道黑暗，才能看清楚眼前的事。

要讓自己處在完全不知道的茫然裡，對我來說也是有困難度的，不是自然而然的接受。後來，你說在晚上的困境裡，某些不安干擾著你，你只好開著電視，並不是電視有好看的節目，你覺得電視節目根本就無聊至極。但是你覺得被那種無聊的感覺淹沒，至少還是比較舒服一些。

我是訝異的，我也知道你是在教我一些深度心理的感受，但你是以不知道的方式在教我，了解莫名的不安和無聊的感覺。至少，無聊的感覺還是比較令你安心，雖然你沒說出，無聊讓你安心這種奇怪的話。

從你說出這句話的神情看來，那瞬間，你至少是難得放輕鬆的樣子，如果我指出來，你從無聊的電視節目，得到的是被緩解的放鬆。我想你一定會馬上驚覺，你怎麼會這樣子？但這疑問句卻更像是嚴厲的苛責自己，而不是要你好好想想這是怎麼回事？

我想著是否要這麼說，雖然這是我的新發現，對於新發現，我提醒自己最好等待再觀察和消化一下，這是怎麼回事？不然，如果我將這新發現說穿了，誤以為這是幫助你看清自己，那麼，在面對突然的揭開面紗後，你晚上還能有什麼，作為你處理那種莫名不安的方式？

如果我冒然將我的新發現，當作尋到寶物般馬上拿給你看，是否只是拆解掉你目前的重要依靠，卻是任你無地自容？這個想法讓我謹慎起來，看來我還是覺得，你目前是難以承受一些真正的新發現。這是我此時的判斷，我是可能判斷錯誤，但至少我目前是這麼感覺。

　　我最好要保留一下，何況就算我現在指出了這個新發現，就能讓你恍然大悟？然後，就有什麼新的重大改變嗎？那是我的期望，希望你趕緊走出困局。但是目前我連剛剛浮現的想法，例如，你在白天和晚上遭遇的困難有什麼不同？對這個疑問，我都還沒有很清楚的情況下，我還能空談我了解你嗎？

　　你說你需要被那種無聊感淹沒，不然，你真的不知道該怎麼辦？你好像知道我正在猶豫些什麼？你說出了我原以為是新發現的想法，但你自己也知道你所做事情的意義？這是真正的知道嗎？或者，只是讓自己不再責備自己的方式？

　　甚至，你是擔心我會責備你，說你竟然是這樣子度過每天晚上？不可避免地，我還是必須承認你的回應超乎我的預期，我常提醒自己，當個案出現一些超乎預期的反應和說法時，就表示我是「不了解」你，甚至不是「不夠了解」你。因此要說什麼或不說什麼，就成為一種冒險的決定了。

　　但我的專業讓我知道，最終難免要冒險，或者這個行業本身就是冒險，但既然是心理治療的專業，就不能無視冒險的代價，就像醫師開藥不能盲目於副作用的可能性。在此刻，是否你能承受我想指出來的問題？雖然我也得自問，是否我保護你有些過頭了？

　　我必須做個決定，我必須判斷你的說法：「你只能那樣度過晚上」？那不是你期待的方式，但是你目前重複那

麼做，一定還有什麼我不了解的地方。同時，也有你不了解的內容，讓這樣的晚上生活重複發生。

我想說，這是你的需要，你需要它重複發生，後來你再提及，在晚上你被無聊電視節目淹沒時的感受，你說，你真的不知道該怎麼辦？

好像是說，接下來，全部就是我的問題，或我的責任了。你可能想要抱怨我，因為我一直沒有說出，我的沈思和努力想要了解你的內容；你是想抱怨我只是在旁邊看，根本沒有要幫你的意思……

我的話還沒有說完，你突然開始掉眼淚，臉部肌肉逐漸從強忍住情緒的狀態，突然大哭了起來，已經接近這次治療時段的終點了，從你大哭到你擦乾眼淚，走出去，其實，我不知道到底發生了什麼事？

真的，我沒有理由在這種困惑裡，還強說我了解你的困局，我真的需要消化一下眼前這種難解的困局。因為實情上，心理治療就是在不了解裡逐步往前走，因此是冒險的旅程。雖然這麼說時，可能會讓那些期待我們是無所不知的人感到失望，甚至因此而看不起我們，以為我們是有瑕疵的產物。

但是，我真的體會到，這是無法逞強的，在不了解裡仍能撐住，並往前走讓新的認識有機會出現，這才是實情，至少我是這麼相信。

第二章
鋼鐵人是堅強的人嗎？

　　這是很奇怪卻有趣的起點。好像已經進行了一陣子後，出現某個小段落的句點。由於你的區分，讓我有了進一步思考的空間。其實很難真的如你提及的，能夠那般明確區分。區分什麼呢？你可能不知道我在反芻什麼訊息。

　　是你提出來的說法，讓我如此困惑。你說，在白天工作時有遇到困擾，但是你說可以自己克服白天工作的困難。你早就是見過大風大浪的人，但是對我來說，當你在這麼說時，卻以那是有問題的方式提出來，但又不像是要我做出評判，而是要我在有疑問的情況下，仍能仔細聽清楚並且聽懂你所說的事。

　　是在大白天裡發生的事。我繞著圈子，邊說邊想著，如何表達才能說清楚？如果是你已經說出的內容，要理解並不難啊，難道，還有別的內容是意在言外？需要我在這時候能夠聽得到？不過再仔細聽，我發覺你是以困惑或困難的方式，傳達出你有期待接受我的幫忙的意思。

　　不過，當我試圖要說些話時，卻在開口後，很快就被你擋回來了。我才突然發覺，我需要修正剛剛的想像，看來我剛剛的想像裡，忽略了某種有硬度難以介入的感覺。我的確難以介入你想要我協助的內容。

　　讓我嚇一跳的是，你突然說，覺得你是「鋼鐵人」，

就在我覺得這關係裡有硬度感，我難以介入你所說的問題之刻。你已經處理了白天所發生的所有困難，既然是鋼鐵人，我當然無法介入，畢竟，精神分析取向心理治療是處理有血有肉的人的故事。

在我被你的鋼鐵人推撞了一下後，你又很快提及晚上的事，好像白天只是有些短暫的時間，很快就要進入無邊無際的夜晚。你以前也曾多次提到，夜晚對你來說，是生命的困頓。我的困頓是，我現在仍只能隨著你說的，白天和晚上的字眼裡打轉，我知道你濃縮很多素材，在白天和晚上的說詞裡。你假設我應該早就知道你要說的內容，但是同時傳遞著我不可能知道你的想法。

你顯然沒有想到這些，你再次說電視節目徹底淹沒了你，甚至是埋沒了你的一生。

你這種說法讓我困惑，晚上的電視節目已經淹沒了你的一生，那麼，白天的鋼鐵人是誰的一生呢？你又說了另一個詞，那是「玻璃人」。

聽起來，白天的鋼鐵人，可以解決工作上所發生的大大小小事件，但那是另一個人的事。而你覺得自己更像玻璃人，那是完全不同的兩個人。我卻想著其它的圖像，如果鋼鐵人是在玻璃人裡頭的另一個人，或者玻璃人是被包在鋼鐵人的裡頭？

這是我的想像：當你說話時，你是將白天的你和晚上的你，當作不同的兩個人，好像有個清楚卻又不可捉摸的斷裂點，只要經過那個斷裂點後，　切就完全不同了。這

是怎麼回事呢？

　　其實，我幾乎沒有再思考的時間，你的玻璃人好像隨時要崩解，隨時會從椅上或桌子上掉下來，然後破碎成滿地的碎片。我覺得自己無法承擔，你破碎在地的感覺。因此我被逼得開始思考，這到底是怎麼回事？

　　好像我必須從已有的知識，趕緊找出一個好方法，甚至應該是最好的方法，讓你不再是個玻璃人。但我馬上被自己的想法打碎了，怎麼可能把玻璃人變成不同的人呢？你不要讓我介入你在鋼鐵人的日子，但是玻璃人的日子，卻要我整個承接下來，要幫你護住玻璃人。不然，我必須負起所有破碎後的責任，至於要不要從椅子上跌下來，卻完全是你自己做主。

　　天啊，我不經意這麼想，難道我需要把玻璃人，好好小心地捧在手掌心上？我唯一能夠做的就是，好好捧住你這個玻璃人？其它的都不是重要的事了，我不必多想如何把玻璃人變成其它材質的人。那根本不是你的期待，你對我沒有那些期待。

　　也就是說，在這個時刻裡：當你是鋼鐵人時，你不用我幫忙。當你是玻璃人時，你要的幫忙也不是要我改變你，而是要我好好把你捧在手心裡，不容許我有任何的分心，在你打算從椅子上掉下地時，我一定要看到而且護住你。

　　這麼想時，我突然發現我的肩膀肌肉是繃緊的，但我原先竟然不知道，你的狀態早就傳達出來給我了，我的肩

膀早就知道了這件事，我的腦袋卻是如此後知後覺。剛剛
竟然還在想著，要如何改變你的材質呢？

　　這是我的工作嗎？只是好好捧著你，好像是個保護者？
但我的工作是說話，並在語言裡找出一些真實，讓這些真
實成為可以傳達的語言，然後再聽你如何在你的語言裡再
度建立自己的模樣，然後再說出一些可以被消化和思考的
語言。

　　說到這些，我才想到精神分析師比昂（Bion）曾表達
過的一些想法，也想到曾接受臺灣精神分析學會邀請來的
某些法國精神分析師，他們對於語言（language）和說話
（speech）的強調。我需要再想一想，這到底是怎麼一回
事？

　　我肩膀的緊繃是在我不知不覺裡硬撐起來的，表示已
經有更多我不知道的東西，早就悄悄地進行著並影響著
我，我卻一無所知。這個發現讓我困惑，也讓我不安。我
做的是什麼工作呢？我甚至不完全知道，我是如何撐過來
的？但就是走到目前了，雖然之前沒有特別感受到，有撐
過來的「撐」的感覺，顯然的，我不能否認，這是已經發
生的事件。

　　我竟然想著鋼鐵人和玻璃人，到底那一個是比較脆弱
的人？答案好像很簡單，但是這時候，我卻覺得我難以相
信任何簡單的答案。因我需要思考那些發生在我身上，我
卻不知道的事，這不是簡單的答案。

第三章
想多少，才算想太多？

唉，我想太多了……

好吧，就再談談想太多的話題吧。這是怎麼回事？是什麼情況會讓人覺得自己想太多了？或者那是指別人想太多了？這是實情，或另有其它可能性呢？

例如，當你為了某個問題思考：是否要吃某顆藥丸？或是否找某位朋友談清楚某個問題？通常會演變成為矛盾，變得很難下決定，大都是經過理智層次上的計算，或推衍利弊得失後，卻發現無論怎麼計算，結果總是台語所說的「算不平」？

或者有的情況是經過計算後，覺得某個方案比較好，但因為只是比較好，並不是最好的，因此仍是不夠好，只好又試圖增加或減少某些要列進計算項目，然後再一次推算。但是計算出來的結果仍是差不多，是有個比較好的答案，依然不是最好的答案。

因此你再去找朋友談談，朋友勸你，「比較好的答案，就是最好的答案了。」你當時聽了這句話覺得很受用，也覺得很開心，矛盾終於有了解決之道，就是用這句話來說服自己。

但是在你回家途中，一些莫名的感覺又浮現了，將那句原本很受用的「比較好的答案，就是最好的答案了。」

在心理深層的某些地方開始溶化，要垮下來的感覺。反正你就是覺得再度很受干擾，卻不知那是什麼？

好像那種干擾是源自於：那句原本受用的話語逐漸被拉下舞台，不再是可以支撐自己心情的話語了。回到家前，你已經又垮下來了，反而多了一個困擾，這個困擾是來自於你更不安，因為你多了一個問題：不解明明曾受用的話語，竟只受用這麼短的時間？

你開始想像，你的問題是否比你原先感覺的，還要更嚴重？不然怎麼會是這種場面呢？想到這裡，你就更驚慌了，明明是好好的事情，怎麼變成這種樣子呢？是否真的沒有希望了，怎麼辦呢？

你說，進了家門後，你實在太不安了，只好又出門，走到附近的小公園裡靜坐。但是那有什麼地方，可能讓你靜坐呢？旁邊一群人聊天說得很高興，這就更讓你不平了。心想這世間怎麼會這樣子？怎麼這麼不公平？

你告訴自己，無論如何不能被打敗，雖然我也納悶著，到底你說的不能被打敗是指什麼？是指誰被打敗？或是誰在打敗誰呢？我覺得要能夠從這個角度去思索，才可能有新的發現。我這樣想有想太多嗎？也許我這個想法是挽救自己，以免被你的猶豫淹沒的方式？

你突然又有了明朗的答案了。你說，你決定你一定要做個選擇，人生苦短，何必為這些小事浪費生命呢？但是你也厭煩，何以人世間的事情竟然都是這麼難解的問題？當你沈陷在要不要做出某個決定的時候，你的生命時間，

一點一滴地消失了。

你又覺得，自己想太多了。這些左思右想，反覆思索，卻變成癱瘓你人生的來源。是啊，你說就是你想太多了，才會變得這樣左右為難。我想，你是否想告訴我，我該說些什麼話？什麼話都可以，就是讓你走出泥淖，這個不是你要的人生啊。

你說，你不應該想這麼多的，真的，沒有必要想這麼多。我記得，你曾在我說了一些想法後，你說我想太多了。你說，你不可能像我這麼想。你都已經想太多了，如果你再加進我提出的其它想法，只會讓你被淹沒，更讓你陷在想太多的處境裡，這樣子我的想法就被排除在外了。例如你明明只是談論你跟母親的問題，怎麼會跟我有關係呢？你說你知道我的處理技術是在談移情，但是你堅持，你正在說的事情沒有我說的那些移情。

你說，你跟媽媽的問題，是很久以前的事了。你說，我怎麼可能在你還很小的時候，會出現在你家呢？是啊，我不可能在你很小時，出現在你家裡，這顯而易見啊，但是現在我卻覺得，你希望我隨時出現在你家。

至少這樣子，你就不必每件事都大費周章，要想這麼多，但是你接著說，你的心情和行動力，被這些矛盾掩蓋住了，你的生命要走向那裡呢？

我差一點以為你是在問我，我正要開口說話，你就馬上接下去說，好像你根本沒有期待我說任何話。因此你在說話時，沒有留給有我可以說話的餘地。難道我需要跟你

搶話？有了搶的動作就構成了某種力道的畫面，這樣子我可以擠進你的思緒？你覺得我還存在著，是個可以幫上你忙的人？

我這時才驚覺，難道你所說的難以決定是針對我？我也曾試著說過一些話，但是至今都還幫不上你的忙啊，因此你雖然同樣的抱怨，你仍處在難以決定的狀態，你是想試著告訴我，如果你能做決定的話，你最想決定的是把我踢出你的思緒之外，而你的猶豫裡有部分的矛盾就是這個想法？

我當然無法確定，你是不是這樣子想？但是當我這麼想時，我突然覺得，你的抱怨有了一條細縫，可以讓我思索了，不再是我原來覺得的硬梆梆。我想應該還很難知道你是怎麼回事？

至少因為我覺得有了細縫，而有了機會可以想像你在困境裡，到底要告訴我什麼意在言外的事情。就算只是個疑問，讓我能夠再重新觀察和想像你此刻正在說的話語。

雖然我們都知道，言語總有言外之意，但是這種知道並不是常常會發揮作用。至少現在我除了覺得你所說的想太多，其實只有想兩個答案而已，還無法有第三、第四等等可能性，等著被納進你的思緒。

除了這點，我也想到，我可能是個妨礙者，讓你覺得無法自由的人，雖然我還得再思索，如何描述這個場景，然後讓你有其它想法。

第四章
到底知不知道是怎麼回事呢？

你說，各種矛盾讓你的生命，失去了方向和光線。

這是你今天在開始時，所做的有力量的陳述，雖然是充滿了無奈。你描述前次治療後，回家途中，你突然覺得心中湧現出一股很驚慌的感覺。你強調，不曾有那種感覺，你只好在路旁低頭站了一會兒，好像在思考國家大事。你很害怕自己會大吼大叫，讓別人覺得你瘋了。那時候，你努力要自己睜開眼睛，很害怕光線就會消失不見了。

你還說，你不知道這是怎麼回事？以前不曾這樣子，但是上次從這裡離開後，卻突然出現了這些感覺。

你說了兩次不知道是怎麼回事？我卻覺得自己聽得清清楚楚，你是抱怨我，不知道在診療室裡到底發生了什麼事，讓你從診療室離開後，突然出現那種害怕的感覺？你很快就覺得跟這裡的治療有關係，不過如果我覺得自己聽起來這麼清楚，何以會跟你的感受有差異呢？

如果依照我的版本，我的解讀是，指出你覺得治療裡發生了難以名之的事件，這讓你在走出診療室後害怕起來。這只是我的版本，我想，在你以不知道怎麼回事的說法之下，是帶著驚恐；雖然你在說話的當刻，少了驚恐，而是多了困惑，不知道是怎麼回事？

如果我強將我的版本攤開來，我不確定是否只讓你馬

上回到上次離開這裡後的感受，甚至被這種感覺淹沒而難以思考？畢竟，我介入的目的，並不只是為了說出，自己以為是對的事而已，而是同時要判斷，你是否能思索我提供的想法？

我想到我還背負著來自另種聲音的質疑，難道我們作為治療者，尤其是精神分析取向的思索者，真的需要像個充滿不安的母親那般，擔心你是否能接受我的話？是否我就是說了，不論你的回應是什麼，我都可以接受，我都認為有意義，這不就好了嗎？

這是我腦海的遊戲，我跟自己在玩，但是只要治療關係啟動後，治療者就真是如此，不必管你是否能夠承受多少語言的負荷？也就是說，我不必管這些，但是我又想著，話語沒有類似藥物那般，也有自己的副作用嗎？

當我在這些想法裡打滾時，你提及上次會談時，你說了一件事讓自己很傷感，但是在治療的當刻，你並沒有那種感覺，因此那時候你並沒有直接提及，是什麼話題讓你有這種感受？當我要開口問時，你馬上再說，真的，當場沒有那種感覺，是在回家途中，才突然浮現的感覺。

這次你強調「突然」這兩個字，這兩個字切斷了我正要問的話。我想問的是，你是說了什麼，讓你有那些害怕的感覺？我的問題追不上你想說的，甚至我覺得，你已經知道我要問什麼了？因此你再趕緊補上這些話，來阻隔我的問話。

你知道，我要問什麼？或者你只是要我在這時候，什

麼話都不要多說，要我只是聽你說就好了，不要自作聰明喔。不自作聰明，是我此刻想到的，我不確定你是否有此潛在態度？

我可能想得有些遠，最好再回到你的說法上。你接著說，那時候已經離開診療室了，你好想再回到診療室，不知道爲什麼會這樣子？以前，每次離開的時候，你大都是覺得，眞好，今天的治療結束了，總有莫名的輕鬆感。

但是上次你卻覺得很緊張，並不是你說了什麼，而是你覺得沒有說出一件重要的事。那件事是在會談中途浮現的想法，你覺得沒必要說出來，只是沒想到離開診療室後，那些話卻一直壓迫你，因你沒有說出來，所以它們變成你的負擔。

這是多麼奇怪的事，爲什麼一定要告訴我呢？你說，憑什麼你一定要告訴我，你所有的想法呢？

顯然的，我剛剛的想法跟你的現況有些落差，我是需要修正我的觀點，甚至因爲這種期待的落差，我提醒自己最好再回到原點，因爲我對於你的情況幾乎是完全狀況外。我甚至不覺得你會有這個想法：爲什麼一定要告訴我，你所有想法。但這不是常態嗎？是啊，是常態，這是統計學的說法。但在這種時候還是被我忘記了，不，不，應該是說，我在意識上根本不覺得，你的腦海會有這個疑問。

起初，我的說詞也不是表示，你一定要告訴我，你的所有事，因爲所有事這詞只是帶來挫折吧。要說到什麼時候，才能說完所有事呢？我曾說的是，你說出此刻腦海裡

的任何想法。這只是一般的說詞，是進行精神分析取向心理治療的基本舞台的說詞。但是你卻把我的說詞，當成是嚴格的命令。

更大的落差是，我怎麼竟不曾覺得你會這樣子看待我？雖然在以前有段時期，我意識上覺得，你是一定不會信任我。你雖然說在下次回來治療前，想提前回來診療室，你畢竟沒有這麼做，你說不知道是害怕回家，或是害怕回到這裡來？但是你沒有別的地方可以去，你只能回家，那是個空洞的家，就算你塞在裡頭，擠滿所有空間，仍是空洞的家，只覺得自己是不需要的存在。

我想是我陷在空洞裡了，經由你提及上次治療後的反應，那場在診療室外的反應，掀起了一個真相，我原來對你的預設，跟你的實質狀況是有落差的。甚至這種落差可能也是你覺得，有些話難以在診療室裡說出來的原因吧？只能在離開診療室後才想起那些話，然後有衝動想回來說，但你知道我不太可能突然又安排和你額外會談。

不過，看來我是無法替自己解釋，何況我對自己角色的認定，也不是有必要在這種時候急著跟你解釋，澄清我不是你想的那樣子啊。雖然我一度想著，既然我此刻難以了解你，如果我此刻不需要向你解釋自己的工作經驗，我何以堅持這是對的呢？只是在這種衝突下，我想先沈默消化一下，這是必要的吧。

第五章
說話的當刻，碗粿和你是相同的東西嗎？

　　你說不知道怎麼回事，當你談著談著，發現你所形容的自己，愈說讓你愈相信，你就是自己口中的那種人啊。但是怎麼可能，自己所談的自己不會是自己呢？因此你使自己覺得愈來愈相信，自己就是那樣子呢。

　　你問我，這是不是很矛盾啊？但是你並沒有要等我回答的意思，你就接下去說，雖然不是那種搶話的感覺，只是你依著說話節奏持續說下去。你再以問話的方式說，難道心中仍有一部分心聲，認為你所說的自己，不是真的自己嗎？

　　但是這怎麼可能，你聲明你絕對沒有說假話，你說的每句話都是心中想到的話。何況這些話已經放在心中，很久很久了，你說到了這裡，以前曾想過的這些話就自動跑出來了。

　　你怎麼會覺得，自己愈來愈像自己，自己就是那種人呢？這種想法不是擺明說，你所說的話，自己原本是不相信的。也就是，原本你有淡淡的疑問，你是在談論自己嗎？這怎麼可能？你提到我，雖然是以代名詞的「你」，這個「你」是我的意思吧？

　　我是否要接受你這個邀請，然後開口說話？但是有幾次，當我要開口說話時，你都只依自己的說話節奏，並沒

有眞的要我說話。那麼，難道你這時候所說的：「你」想這怎麼可能？這裡的「你」不是我，而是另有他人嗎？

你不是對我說話嗎？或者你其實是對自己說話？你覺得怎麼可能的你作爲主詞時，你說的不是指我，而是你自己？也就是，你以你作爲主詞來談自己，難道是因此讓你覺得，自己所說的自己，愈來愈像自己，就是你之前在描述的那個你？對於你以你作爲主詞，來談一個人的故事，我不確定，我是否把自己推進思考的死巷了？

你的確不是邀請我說話，你持續說，你昨天去參加高中同學會時，至少有四位同學都說你變了，你變得跟他們印象中不同的人。不是指你的外表和身材，而是你這個人給他們的感覺，例如，他們說你以前很沈默，根本不太理會別人，總是獨來獨往。

當你說到這裡，我開始困惑了。我雖然早就聽過各式各樣的人，談論他們自己的故事，先前你談論自己時，大都是提到你如何跟　群人打拼，尤其你事業做得順利，就是因爲你善於團隊工作，這跟你現在所說的沈默，獨來獨往，是完全不同的人。

我還不確定，你是否有將先前所說的話，跟同學對你的評論，相連在一起？或者在你心中，是兩個不同的人？這雖是我的疑問，但是有了這個疑問，卻讓我對於你先前提到的：怎麼會覺得自己所說的話，愈來愈像自己？是什麼意思了？

是否你的確只是在描述你的一部分，但是那部分看來

和你高中前是有些不同，這麼說來也奇怪，在你的疑問上堆疊我的疑問，竟然是讓我覺得，有了思考的出路。不過，我僅能說有了思考的出路，至於你到底是怎麼回事？我仍然不確定。

就表面所呈現，你內心裡有兩個不同的聲音在對話，這讓我常覺得，你不是跟我在溝通，而是想要說明自己給另一個自己聽，希望對方可以接受，那就是你，但是對方仍不是那麼接受你。

對你自己的描述，因為你正描述的是內心的對方。這些推想都還是很表淺的想像，我無意一下子就這麼認定。畢竟這是很細微的現象，也是你跟我一起工作以來，才逐漸浮現的觀察和推論，並不是很明顯呈現出來的內容。這可能意味著，這是在層層防衛下的內容，因此浮現出來時，總是被層層包圍在不自覺且一時不可見的防衛裡。

你說，有位高中同學曾說，沒想到你這麼厲害，竟然會有這麼好的工作成就，甚至比班上大部份的人都還有成就。你說，當場你只覺得怪怪的，結束後，你開著車子要回家時，腦海卻不時浮現這位同學的話，每浮現一次就愈覺得那句話裡有嘲笑的音調，愈來愈明顯。

我想著你先前說的，覺得自己口中所說的，自己愈來愈像自己的感覺，是否也是一種嘲笑？你對自己的嘲笑。雖然那位同學的說詞是表達敬佩之意，但是顯然地對你來說，敬佩和嘲笑只是一線之隔。

這讓我稍了解你曾說過的，對於自己是什麼的困惑。

這個困惑呈現的方式是，以受傷的方式撐出來的，我如果說你的成就是，傷口上的新組織或是紗布，這個比喻能夠貼切你的描述嗎？我其實是不確定的，因為你又拋出另一個說法。

你說，回到家前，你臨時決定要去吃一碗碗粿，已經很久沒有去吃了，那是你最愛的小吃之一，雖然同學會時已經吃很飽了。你吃了兩碗。你說，從來沒有這麼滿意過自己，你重複說了兩次。你是說，從來沒有這麼滿意過自己，而不是滿意碗粿？

難道在那個時候，包括說話當刻，碗粿和你是相同的東西嗎？但是這些滿意或困惑，在診療室裡，都是發生在我沈默，沒有告訴你任何話的情況。那麼，我是在什麼位置？我得再思索這個問題，你到底是把我放在什麼位置？也許這個疑問反映著，你把自己放在什麼位置來讓自己滿意？

這不是這次交談就會有答案的課題，我也不必急於一時，看來對於你的困惑和滿意，你有自己處理的方式。我還在消化這些情節和感受，那是我自己的功課，不是直接問你，要你給我，我需要自己尋找的答案，我只能先容忍這種困惑。

第六章
說以前的故事，是說以前，還是談現在？

　　你重複陳述以前的自己，例如，以前你是如何在辛苦的環境裡成長，當年如何因爲家境窮困而必須加倍努力，只爲了不會讓別人看不起。我想著，所謂別人是指什麼呢？你說，當年村子裡的人都說，媽媽是個帶煞的女人，不然，爸爸不會這麼早死。

　　整個村子的人，都是站在你家的對立面，從小你就覺得媽媽很可憐，因爲整個村子的人都在指責媽媽，說爸爸是媽媽害死的。媽媽從來不曾跟鄰居當面衝突，她也要你忍耐，不要聽鄰居的閒言閒語。我卻想著，是你家太大了，而整個村子的人是卡通裡變小的人，擠在你家的門口？

　　有時候，你看見媽媽在廚房偷偷掉眼淚，你知道媽媽是多麼傷心。你告訴自己，一定好好讀書，只要成功了，就可以揚眉吐氣，證明媽媽是屬害的人，不是害死爸爸的人。

　　我的困惑更擴大了，在心理上，最困難了解卻常出現的是，如你所說的期待，以自己的成功，來打破別人對你的誤解，但是何以你在事業上的成功，就可以證明你媽媽不是害死你爸爸的人？這是心理學或是社會學的問題？我察覺，我浮現的疑問都是站在你的對面。

　　雖然你也知道，這種說法裡所談到的害死，不是直接

以某種手段讓你爸爸過世，而是別人說你媽媽命運帶煞。如果用這是迷信的說法，來說服自己不要相信別人之言，是否有效？其實在目前的狀態，我是不太相信，如果硬將帶煞視作迷信的說法，有能耐推翻你心中牢固的堅信。

堅信什麼？堅信你一定要成功，一定會成功，堅信你爸爸的死跟媽媽無關，或者堅信爸爸根本沒有死？

這些想法是試著讓大家了解，當某個問題被當作症狀或者人生目標時，如果那個目標達成了，卻仍隱隱覺得原來的問題還沒有解決，那就可能意味著，不論是症狀或是人生目標，都隱藏著真正的生命困境。這麼說會不會太抽象呢？

也就是說，症狀和人生目標在這種情況下，可能只是一個替代品，個案假設透過處理這些替代品，就能夠解決原來的問題。通常更困難的是，所謂原來的問題是什麼呢？是目前覺得的問題？是至今記得的早年問題？或是根本就不自覺卻曾有的想像？或者更難以了解的是，當前對於以前的某些不自覺假設？

更激進的假設是，你要努力成功的想法裡，如果混雜著你暗暗相信村人的說法，媽媽是帶煞害死爸爸的人，是否因為如此相信，才需要花費等量的努力，來成功扳回或遮掩掉自己的隱隱相信？如果是這樣子，那是多麼殘酷的人生啊。這種殘酷一定是我無法完全了解的，就算我使用言語來交換；或者說話時，我為了沖淡殘酷而露出不經意的和善笑意。

不過，如果回到你口頭陳述的內容，對於你的心理過程，我雖然不知道何以你要以自己的成功，來證明媽媽不是害死爸爸的人？這是如何建構起來的期待？有多少中間的步驟被跳過了？這種想法是何時出現的？是當年就這麼想，或是後來才再慢慢形成的想法？眞的，我覺得只要你能夠成功，就能夠洗刷媽媽當年的冤屈，在邏輯上有些怪怪的。或者你要洗刷的，是另有其它東西？

但你是如此深信，堅持要以這理由作爲你後來事業成功的緣由。雖然如前所述，我想著你的成功，應還有其它的動力和緣由，但是你在一年多的心理治療裡，仍是如此堅信，並重複提及當年的這段往事，以此作爲自己勵志的故事。難道，有什麼是難以忍受的想像嗎？不然，何以你如此堅持這故事的版本，好像修改了版本，整個故事就會崩潰？

是啊，每當你提及自己的經驗時，的確混雜了成功和失敗的氣味，何以成功不是純粹成功的氣味，總要混雜著失敗的氣息？或者是相反的順序，失敗混雜著成功呢？我的疑問不是數學比例和時間順序的問題，而是假設潛意識裡，原本就是各種複雜感受並列同時存在，誰也不會影響到誰，誰也不會扳倒誰，但是你的成功和失敗並列是相互影響，讓你的成功無法在意識上覺得是眞正的成功，而能夠眞正感到愉悅。

或你的失敗，才是更大的影響力？成功只是陪伴的角色，要來突顯相對的失敗，要讓失敗變得更可見，不過這

些想法都只是推論和臆測，離你對於自己的了解，也許仍有段長路得走。那麼我談這些想像，是為了什麼呢？

我希望這些想像，只是作為你的故事之外，還有其它的方向，讓我不會只沈陷在成功或失敗，這種兩極化的感受裡，或者只是沈陷在往事裡。我不是說你不能談往事，更不是淺薄地，甚至是刻薄地要你忘掉就會好了。相反的，這些往事是重要的思索材料，但如果我只是在你提供的材料裡打轉，可能也難以跳脫出來，就難以有新的思索，甚至，我想著還有比這些想法更不同的想法。

到底我們在說自己的故事，是為了呈現自己當年的故事？或是為了呈現眼前的自己呢？

對於這個疑問，我先以其它例子作為比喻，再來聯想你的故事。你有你的說明和呈現方式，但此刻我想的是，何以你重複述說著以前的自己？就像是一本樂譜攤在桌子上，它一直存在那裡，你重複地演奏一首曲子叫做「以前的自己」。

我一時之間還不知，這些想法是否有助於我對你的了解，但是這些聯想倒是讓我繼續想到，以前在其它場合曾浮現的某些想法。當我們聽另一個人談他自己，到底是意味著有一個清楚的自己，在某處等著我們去說清楚那個自己？或者那個以前的自己，在意義上是一篇無形的樂譜，當自己重複述說時，就是在演奏著那個樂譜？

不過，對於運用其它內容來作為比喻，增加對原來問題的想像，也會有引用比喻所帶來的問題，例如，比喻的

不足或過頭。有時候這些具體比喻本身被細究後，可能和原本要說的事有所不同或衝突。

這是常見的現象，只是這些比喻是新知識的起源，也是了解自己的來源，但是實情是更複雜，因人的記憶問題不像是一本已寫好的樂譜存在那裡，可能在重複述說自己時，會修改一些章節，讓這本樂譜不斷被新添符號，這是臨床常見也是豐富的來源。

我相信這些想法不是那麼容易被了解，那是我還不了解你，我只是吞吐著還在消化的零星思考。這些想法距離要告訴你仍還有一段差距，這是我談到這裡時更明確的感覺，而這只是反映著，我要了解你，仍還有一段長路。雖然你隱隱流露著，我是個神，神般了解你，但我很想告訴你，我不是神，只是我甚至相信，這時的否認會變得更像神，還不是我用否認就能解決的時候……

第七章
當你說很害怕，不知道會發生什麼事？

　　你甚至還不覺得，重複發生在你身上的困難，是一種自己的悲慘，因為你仍認為是其他人對你的恨意，或者是妒嫉。你難以接受我私下覺得是悲慘的遭遇，也跟你本身的某些作為有些關聯，但是我卻理所當然地覺得，你的狀況根本還不允許我，對這個發現說東道西。

　　也許我需要先說明，何以我要用「悲慘」這字眼，我相信這個字的使用仍有不同的見解，我只是試著接受佛洛伊德的說法，他說有些人的問題是來自於，不自覺地重複著某些悲慘。他說得更像是悲劇，他接著說如果能夠讓不自覺的悲慘，變成自覺的不快樂，就是精神分析的目的了。這是什麼意思呢？只為了最後努力的結果仍是不快樂，需要這麼辛苦的處理過程嗎？我這麼說可能還無法清楚，就讓我再慢慢說吧。

　　你提過在工作上，當有人指出你的問題時，你都是直接反駁對方，如果你無法當場反駁，你還是會在事後找對方麻煩。但是，我的觀察跟你說的不太一樣，雖然我的觀察也需要從你所說的故事內容來推論。例如，你描述找上司麻煩的方式，是故意慢慢做他交待的事情。

　　我發現你找上司麻煩的方式，是你無法察覺的其它事項，你是不自覺地在上司沒有交待的事上出現麻煩，那是

你自己原本該做的事，只是如果你沒有完成它，最後，上司就會被更高的長官責備管理不周，甚至會讓公司出現更大的收入問題。我何以會這麼覺得呢？

　　你的另種忽略的真正原因，不是你個人的過錯喔，但更進一步的困難是，你根本不覺得這些忽略是你意圖要那麼做，你堅持是其它不可抗拒的因素。因為被你有意無意當作是不可抗拒的因素時，就潛在表示你覺得那是跟你無關。

　　這裡出現一個很隱微的現象值得再細看，何以你會承認某些作為，是故意針對直屬上司，但是其它影響更大，對公司有更大損害的事，你卻毫無所覺地在你的工作份內讓它出現？你不覺得是自己有意，不過，這些類似問題不是第一次出現，我因此感到納悶。

　　不過今天你提到另一件事時，我才有所了解，雖然這了解可能仍很片面，你說你不小心拿了某位顧客留下來的東西。你強調，你只是先放在自己的口袋，等一下有空會拿去給上司處理，但是那天在公司裡事情太多太忙了，你連上廁所的時間都沒有。

　　後來，那位顧客來客訴，公司調出錄影帶調查，並把你叫進辦公室，你說「我很害怕」。我嚇了一跳，因為我從來沒有從你的說法裡，聽過你害怕什麼，不過當你這麼說時，我卻突然清晰起來，我曾經覺得你反抗和對待上司的方式，其實更像是害怕些什麼，只是被我自己覺得事蹟不明顯而忽略了。

你說得很生氣並充滿了委屈，我被你的生氣淹沒了，你的主要問題是你一直在生氣，有太多人、太多事都會讓你生氣。你生氣你的家人，也生氣上天怎麼會這樣對待你呢？也就是說，以前我幾乎相信你的生氣是你最大的困難，你的生活裡有關生氣的課題才是最重要的問題。

但是當你說很害怕，不知道會發生什麼事？你有充份理由來解釋自己的失誤，而不是故意的作為，我雖不全然知道你所謂的害怕，是指什麼情緒？針對什麼事？但是讓我有了不同的想像，例如，你將地上東西撿拾起來，順手先放進口袋裡，但事後沒有拿出來交給上司，這是監視器上會呈現出的內容。這是如此具體的影像，但你心中的想法卻無法呈現在錄影帶上，你是害怕什麼呢？害怕你的確有想要私吞顧客的東西嗎？或者另有其它害怕的心事呢？

不過先不論你心中真正害怕的是什麼？至少在我來說，對於以前的感覺，我是突然有了新的了解，你害怕的是自己的生氣背後有另一種重要感受，只是它一直被掩蓋著，我想著勢必是有某些困境，才會讓害怕的感覺不自覺地隱身在後。有了這個了解後，至少我不再那麼生悶氣了。

我相信就算我極力克制我的感覺，你還是可以從我以前到現在的狀態和語氣變化，接收到我對你的感覺，雖然作為精神分析取向的治療者，並不必然需要自我坦露感覺給個案，通常那會讓個案覺得自己做錯事了，但這無關你是否做錯事，而是你不自覺地呈現出你自己的某些樣了。

有些個案常顯示出害怕，任何事都可以讓他們害怕，

總是有莫名的害怕存在著。但是治療者卻可能感受到，個案的害怕背後是充滿著生氣，他們特別害怕自己的生氣被別人察覺到，因此讓治療者覺得，他們的害怕只是一種表面的感覺，而真正困難呈現的是生氣。但你的情境有所不同，倒不是那一種比較對的問題，而是每個人有不同的內在心路歷程。

因此我也不認為這是最後的感受了，也許再一陣子又會有其它感受浮現，讓我對你又有另一種了解。這些感受的新焦點的出現，對我來說，至少是在深坑裡發現可以再爬上來的路。

這是很重要的過程，不然我被你重複陳述生氣的故事惹得很不安，這種不安讓我難以進一步思索，當我難以思索時，就意味著我無法消化你的故事，以及這些故事所衍生的複雜情緒。

我就在這些新的感受再往前走了，所謂往前走是意味著，有更多想像的空間，而不是只在先前的感受裡打轉。就算這些原有感受是問題所在，但是如果缺乏新的思考空間時，就意味著你和我都走不出來。

第八章
誰是誰的中間人？

當你提到，因為家住在台灣的偏鄉，最近一直猶豫著，是否該回老家，替老家盡些心力，而不是只在嘴巴說說。家鄉需要年輕人，你說自己一副很激進的樣子，但行動上卻停滯不前。

當你這麼說時，我的心中是一陣感動，心想我也有自己的故鄉，物理環境的故鄉，也是遠離的過去曾經駐紮的地方。你繼續說以前曾想過，其實可以回老家，因為是個偏鄉，你可以作為中間人，如果有人想要了解偏鄉的人文歷史，你可以充當中間人的角色。

中間人是個很有趣的概念，就像我在治療者的位置上，你透過向我述說你自己的故事，然後你再回到你自己，其實，這是我正在扮演的角色。雖然我跟同事們平常很少使用中間人這三個字來形容我們的工作，但是聽到你這麼說，卻讓我有睜大眼睛看你的感覺。

我因此睜大眼睛等著，看你再說些什麼，讓我可以打開新視界了解你。但你卻又提及每當這個想法浮現時，你就再也想不下去了，只覺得心中一股難以說明的感受四散著。

然後你說你知道了，那是跟你的童年經驗有關。不

過，你這麼一說卻把我也打入谷底了。因為你這個連結，說你的問題和童年經驗有關的連結，乍聽是一項自我了解，但是從說話的前後脈絡來看，卻更像是一種干擾，或者說更像是一種止息。

所謂止息是指，有個不知名的干擾出現在你腦海裡，你只好搬出跟童年經驗有關的說法，這變成一種結論，將腦海裡即將呈現的新連結打斷了，而那個新連結會是受苦的連結。這樣子，就讓你再度回到先前的感受，雖然先前的感受也是某種受苦。

後來，你就沈默了，好像陷在不可知的渺茫裡吧，不是有路可以往前走，而預先做些準備的行前靜默。後來，你輕聲說，以膽怯小孩做錯事的語調，但你剛才說出的話沒有說錯什麼的跡象，所以可能是你的想像裡，有了某些你自覺犯錯的想法或期望。

你說，今天出門來心理治療前，曾浮現一個想法，「難道，真的要再這樣下去嗎？」

雖然是個問題，但你說得比平時小聲，好像只是說給自己聽，或者這是句不敢說出口的話。是你生活的某項事呢？或你是針對心理治療裡發生的事呢？但是你此刻所流露的犯錯語調，是在這裡對我說的，因此我假設，你的某個想法讓你覺得，你冒犯我了，因此你就先這麼說。

我開始回想，是否有什麼材料，可以讓我作為中間人，讓我可以呈現某些訊息，使你了解此刻正在發生的事情，是否有那些額外的意義？我心想，你對於來心理治療，感受到困難？再加上你提到，介紹偏鄉歷史的困難，

我試著對你說，就如同你在診療室會談，覺得遇到了某些難以言明的困難，使你不知如何回到自己的過去？

你毫不考慮地說，是啊。這更讓我覺得，你曾提及目前事件和童年經驗有關，這說法好像要把事情停在這句話上。在說出是啊後，你再度沈默，我也陷入自己的困境，我的說詞表面上好像了解你的困局，而你只能以沈默，或者是以知道問題所在的方式來回應我？

這可能反映著，你對我，存在著我們還沒有談論的某些東西，正在你和我之間潛在地流動著。你沈默有七八分鐘吧，直到此次治療的結束。我的聯想也許打中了什麼，但是你以沈默回應，這沈默是思索？或者是反擊呢？仍很難判定，但是我可以感受到，你的確碰到了一些受苦的經驗。

我想著，在治療過程裡不時出現的命題，我要多快速逼近那些困難呢？當你以沈默來回應，或說你不是以沈默而不回應，而是你的沈默是種回應要讓我知道，你是知道自己的問題，但是實質行動卻又處在這個狀態裡，爲了停滯不前。

也許答案是在於，作爲治療者，對於個案的受苦有多少體會而定吧，不是技術而已，這會引導治療者決定，是否持續發聲探索，或者讓個案先處在兩人共同創造出來的沈默裡？

當你提及中間人的角色，回頭想來，卻也有趣，你來心理治療時，我覺得我是個中間人，充當你的話語和你自

己之間的中間人，但是依你的反應來看，你才是你自己和你的話語間的中間人。

你在談論一個以前的自己，以前的自己一如當年的偏鄉，充滿了複雜情緒的狀態。好像你是向你自己介紹自己，偏偏故鄉卻是令人情緒複雜的所在。

這增加了你的困難，雖然我也覺得，你的回應裡說，你知道目前問題和童年經驗有關，這更像是說給我聽的話，而不是你自己想聽的話。藉此也把我拉進你的世界，你覺得那是個複雜難言的世界，因此你說了後就馬上沈默，要讓我想像和體會你那難言的所在，到底你是如何困難地處在其中的困境？

看來，這個中間人的意涵，是個值得思索的角色。

第九章

人生是「精心計算」的結果？或是「精心算計」的結果？

你總是讓我很不安，那種不安的外顯原因有部分是由於，我不自覺地必須在每次心理治療前，心中盤算著應該要有一些比較好的規劃。這是不必要的過程，因為事先規劃不必然增加我對你的了解。這是很奇怪的感覺，對於我在精神分析取向心理治療的經驗，我早就知道每次的心理治療都是獨一無二的，很難事先規劃一定要如何談。

此刻，我的腦海浮現這些想法，自然有它的意義，我不能視而不見，或只將這現象當作是不好或不對的，以為把這些想法棄放在一旁就好了，這將失去了這些想法在這個心理治療裡，所可能呈現的其它意義。

偏偏你是位讓我覺得不耐煩的精心算計者，例如，每當你描述在公司為了達成某個目標，是如何地精心計算，要如何做？要請誰來做？以確保可以達成最理想的結果，你認為唯有這樣，才能在工作職場上打敗其他人，尤其是公司裡的其他競爭者。甚至從你的描述裡呈現的是，好像如果你輸了某一次，你的人生就整盤都輸掉了。

你的談話好像要告訴我，你做事能夠成功的方式，是你經由精心計算才有今天的成果。雖然當你這麼說時，我心中浮現的是，「人生哪是這樣了，搞不好愈計較，就離自己想要的愈遙遠。」不過當我有時在事先想像，和你進

行會談的細節時，我知道在面對你的困境時，這些想法並沒有完全說服我自己。

每當你說著精心計算的故事時，我的心頭總是有個聲音，是有迴響的聲音說，這才不是「精心計算」，根本就是「精心算計」。一度我很高興，找到了描述你問題的方向，但是我馬上察覺，這是帶有價值判斷和攻擊意味的假設。雖然只是兩個字的顛倒，我卻深深覺得，不能衝動地在目前就冒然指出，那是你的問題來源，並不是你很努力地「精心計算」，同事卻不買單而讓你很挫折，真正的問題是在於你的「精心算計」，讓同事們覺得被設計了，因而不願意跟你配合。

我的假設是，在你目前的狀態，如果我依前述的那些說法，在這時候告訴你，我假設你只會聽到後半段的話，而且是以誤解我的方式，解讀成是你的同事們故意不協助你，讓你做不了事情。你大概還很難接受，你目前的狀況是所有互動的結果，在這種結果裡也有你所貢獻的成份。這個想法看來很容易，不過當你在困局裡，是很困難接受這個看似簡單的說法。

甚至，你如果要來心理治療，你得更有勇氣地想像和觀察，你自己的做法也造成別人的問題。不過，如果太早說這種話，不但無助益於後續的思索，反而變成是我展開對你的攻擊。所謂我的攻擊是指，我太急切想要趕緊掀開你的真正問題，這種想要趕緊掀開問題的動作本身，在這種情境下，就可能會是某種攻擊。如果我直接指出問題，

表面看來是做了符合理論的假設。既然你的問題已經清楚
浮現，那麼我們就沒有理由再逃避，不是嗎？

　　也許這是佛洛伊德當初提出的，治療者需要節制的緣
由。當治療者過於急切地想要當個好的治療者：不想讓個
案覺得治療者在一時之間，可能是個無法幫上忙的角色。
不過總是要努力地克制，我在目前過早地提出這些觀察，
若如前所述判斷起來，這些觀察和說明可以呈現我是有用
的治療者，表示我對你的問題並不是毫無所知，只是有些
說詞仍很尖銳，在目前這些想法可能太有破壞力了，只會
一下子就擊垮你，讓你無法有所思索；雖然，我可能自以
為是善意，要提供給你思考的養份。

　　其實，前述文字內容都是我的猜想，是我消化眼前困
境的某種方式。就算我說得很有道理，若是無法讓你能夠
有思索的空間，而只是帶來更多被攻擊的感受，那麼我的
說詞可能不是有必要的話語。雖然我很困難清楚判斷，你
是不是真的無法承認而完全無法思索？或無法思索只是目
前狀況，一陣子後，你可能會再思索我所提出來的種種想
法？

　　我的判斷可能過於謹慎，也可能是適當的，有個有趣
的對比可以想像，是否我的困境就是陷在自己的精心設計
或精心算計之間，而引發心中的擺盪？不過我也相信以精
神分析取向的思索來說，就算過於謹慎而未能及早提出我
的想法，相對於如果過早提出而帶來過大的副作用，寧願
採取謹慎的方式和態度。畢竟，重要的問題不是出現一次

就不見了，是會重複出現的臨床材料，因此不必擔心個案的重要問題，沒有機會再出現而被觀察和討論。

　　既然有這些疑問出現，當前先思索這些浮現的材料，比趕緊想要給個案某些特別建議還更重要。除了一般期待的給與個案某些建議，作為心理治療的主要策略，如果是以精神分析取向來思索的話，陰性思索的能力（negative capacity）才是重要的基礎，雖然最後仍以言語，這種被認為具有陽性特質的詮釋作為重要的過程。至於陰性思索的能力，精神分析強調的是：思索的能力。如果強調它的陰性特質，在東西方文明裡，都認為母性是指大地之母，具有可以包容別人的意涵。但是精神分析並不是只以大地之母的包容來自喻本身，也有詮釋的言說之意，但是言說在象徵上常是被當作有陽性意涵。

　　再回頭來看所謂「精心算計」這個語詞，在一般用法裡，除了有不顧別人感受，只要達成自己的理想和目的外，也帶有嚴厲的超我作用，不自覺卻嚴厲批判著自己和別人。一般情況下，就像個案面對自己的困境時，由於以理想化自己的某些行動和想法作為掩護，因此，很難觀察到隱含其中的嚴厲性，甚至常常美化了「精心算計」的存在。心理治療時，不是在字義上指陳出來這種現象就能夠解決問題，人生是「精心計算」的結果？或是「精心算計」的結果呢？我當然不認為只能從兩者之間選擇一個作為答案，而是這個疑問本身就是再思索的起點。

第十章
治療者潛在地攻擊個案？

　　每次提到生活上受苦的經驗時，你常是在提到這些故事後，就很仔細地描述故事細節，雖然你有想要讓我知道更多，以便能夠了解你，結果卻更像把我帶進一個很狹窄的地方，一個很難以轉身的地方。這個比喻是指，這讓我很矛盾，且有一種被侷限在狹小空間的感覺，反而增加了我想要了解你的阻力。

　　你是要將故事細節說得更清楚，但我卻更覺得模糊，反而更像是陷在困境，你的每個字句都變成了繩索，將我綁住了。不過，這是因為你談細節的緣故，或者是另有其它因素在干擾溝通呢？在意識上這不是你想要傳遞出來的感受，可能是你身處在這種約束裡很久了，你只是無意中將那些感覺，以行動方式藉由談論故事的細節，同時表現了出來。

　　我提醒自己要緩慢下來，不能只跟著你在言語的細節裡打轉，因為你的行為也夾雜著另一種細節。此刻我就像是被帶進茂盛森林裡，因更黑暗而難以看清楚到底發生了什麼事。我需要先想想這是怎麼回事？我不想在掙扎著要擺脫這種約束感時，做了某些乍看是符合心理治療的處置，卻變成對你的一種反擊。

　　我還在思索時，你隨即以很堅強的態度說：「唉，那

已經是以前以前的事了。」你遭遇的那些事一下子就在這一句話裡，被推到遙遠的地方，或者說被塞進了某個巷弄角落裡。你已經決定就要讓那個故事，停放在那個角落裡了。難道，你先前談論細節，不是邀請我一起了解你，而是另一種拒絕的方式？

然後，你以一副很健康的模樣，好像那些生活上的陰霾受苦，在你剛剛說過一陣後，它們馬上就雲消霧散了。你說：「我應該不要再受那些問題困擾了，都已經是那麼久以前的事了。」你所說的那些長期陰霾受苦，能夠就這樣子不見了？因爲你之前也曾如此，後來你表示自己平時很喜歡幫助別人，能夠從幫助別人裡獲得成就感。你說你很喜歡這種感覺，享受這種幫助別人的感覺，讓自己覺得你的存在更有價值。

這是一再重複出現的場景，我覺得自己有一股衝動，很想要戳破你那如同氣球般的成就感。但是我很快覺得不妥，畢竟，弄破你的膨脹氣球，不是我工作的主要任務啊。在這些來來回回的感受裡，我再度沒有表達出我的觀察，和說明某些潛在意義。雖然在這次會談結束後，我另有了一些想法，例如，個案是否想以幫助別人的角色，讓自己在治療者面前，不再是個案或病人。也就是說，當你說你在生活裡如何幫忙別人時，意味著當你再告訴我這件事時，你是在告訴我，你不想再當我的個案了？

在會談中，我常沈陷在這種重複的困境裡，一直有種壓迫感，覺得需要突破些什麼，不喜歡一直沈浸在這種困

局裡。因此很自然地浮現，想要戳破你的行動背後的目的時，就會想到要說些話，但在這種氣氛下，不論說的是什麼話，就算是以溫和的口氣，也都沾染著攻擊的意味，我馬上覺得不妥而沈默下來。

這是一個有趣的發現，當我想說話時，是有某種攻擊的欲望同時存在我心中，並不是指在其他個案我也是這樣子，但是跟你會談時，這個發現是找出了某個重要的切入點，因爲可能反映著，我的沈默不是單純地聽你說話，而是帶有不要攻擊的意味。或者說除了不要攻擊，也有無力的感受，而說話是有力的反應，只因不喜歡作爲治療者時所充滿的無力感。我的沈默因而成爲一種潛在的攻擊，你重複地提及有個傷心受苦的童年，卻缺乏任何進展或成長的感覺。

其實，就治療技術而言，和個案的互動，頗受治療者的反移情因素的影響，例如，何以總是在你談及幫忙別人而自得其樂時，是讓我感到衝動，最想要說些話的時候呢？你在外頭是幫助別人的助人者，但在這裡卻無法好好當個案的角色。既然你難以做個案的角色，意味著你讓我也無緣做好治療者的角色。因此你在你故事裡打轉，而你和我是在充滿無力感的情境裡打轉。這是很有趣的比喻，我還需要再進一步思索，這個過程是如何一步一步形成的，以及這個現象在目前的潛在意義？

我再整理一下一些想法，例如，因爲我擔心自己的詮釋，會變成一種攻擊，只好再度閉上嘴巴。我環繞這個現

象，試著提出一些後設理論的假設，是否這是我作為治療者受困於自身「超我」的影響？治療者對於個案要跟自己競爭，因為他也是助人者的角色而感到生氣？個案不讓治療者發揮功能，卻強調自己在診療室外是如何幫助別人，而治療者卻重複地侷限在自制裡，不能以表面符合理論的話語攻擊個案，變成了難以自由的往前走。

因此在如何往前走的行動之前，精神分析取向心理治療者需要先了解，自身受了什麼影響？這是我的想法，雖然這想法不足為奇，是精神分析取向者隨時提醒自己的概念。但是記住這概念是一件事，經驗和了解自身現在如何受影響，又是另一件事。這是人類很巧妙的自我保護功能之一，我們可能記得某件事，但這只是防衛式的記得，卻不讓自己真正經驗和了解那件事的深刻影響。

在前述的脈絡下就算是我說了很正確的話語，但如果那是潛意識地攻擊你，這種狀況下所說出的話語，也將會被消解原本預期讓你有所助益的功用，反而只是和你不自覺地陷進了，攻擊和被攻擊的循環裡。看來我就是在這個循環裡了，雖然在認知想法上要避開這種情形，因此回頭來看，當我一直提醒自己不要陷進攻擊的脈絡時，其實在這個時候就表示我已經在這個脈絡裡了，只是我意識上還沒有察覺自己的狀態，或者說我是以提醒自己不要陷進去的感受，來間接地呈現我早就陷在裡頭了。

這個了解是很有趣的想法，我所以覺得有趣是指，我個人在事後有所發現，並覺得有種解放的感受。雖然我還

需要再觀察自己在診療室裡的實際情況，卻還無法百分之百事先確定是怎麼一回事，我還是得回到診療室裡，後續再觀察自己的反應才會有所了解。雖然我很期待如果我可以此刻就完全知道了，並且希望這種知道，馬上派得上用場。但是，要了解實情，還是得再回到診療室繼續工作才有辦法。

第十一章
將故事轉譯成診療室裡潛意識的移情？

你重複提及年輕時，原本有認識的男友，你沒有告訴父母這件事。你當初覺得父母可能會強力反對你所交往的這位男友，你說這是你和男友在一起時的心情。因此一直覺得很對不起他，甚至在開始交往時就出現了這種感覺。

後來，當父母替你介紹了別的男人，你說自己根本無法拒絕父母。你說這是你往後生命困頓的開始，甚至這輩子裡所有生命的困頓，都是起源於當初你沒有拒絕父母，才引起後來生活的種種苦難。你常常想如果當初拒絕，父母介紹先生讓你們認識，你的人生就不會像現在那麼糟糕了，讓你多年來一直處於憂鬱狀態，不知未來要往那個方向走。

你多年來常常浮現的想法：如果當年拒絕父母的要求，就不會像現在這麼難過人生了。你說，甚至不知道這麼多年來，你是怎麼度過每一天的日子？怎麼走到我的眼前？人生只是虛虛浮浮地過著。

你有時說得很明確，是父母介紹先生給你認識後，人生的苦澀才開始。但是有時候你說不知道是什麼時候開始的，處在這種心情下，你只能一再地避開先生和小孩，你覺得只有這樣子，才能減少自己和他們的衝突。你覺得如果不避開他們，遲早你會跟他們產生難以收拾的衝突。你

也說不上來，難以收拾的衝突是指什麼？

　　你說你不想和家人發生任何衝突的場面，雖然你這麼說時，在我心中卻是覺得，你不太可能跟家人間沒有衝突，這太違反我個人的經驗了。另外，我的感覺有部分是來自於，你初來治療時跟我協調時間的反應，讓我覺得你是如此地不安，難以找出合適的時間，好像任何時間都有可能發生重大事情，讓你相當困難確定我們的會談時間，到底要訂在哪一天的什麼時候？你心中的不確定感，完全反映在你和我商討治療時間的過程裡，至少我現在回頭想時是更明確了，而且這跟你期待心理治療，可以幫助你的態度是有所不同的。

　　這是我們之間潛在曾發生的些微衝突，後來時間的問題，在你心中出現了某種轉折後變得可協調了。至今我仍無法完全確定，是什麼力量或想法出現了，讓我和你的時間安排出現轉折，因此這種衝突不見了。但是我還記得這個過程裡，你的堅持方式和你堅持的理由，讓我仍覺得難以了解。也就是說，對於你無法依我提議的時間來治療的理由，我已經記不起來了，只覺得是個很奇怪，不是理由的理由，但是你那時卻說得如此堅定。這是我記得的感覺，但是實質的理由，我卻忘記了。

　　回到你的說法裡，你將所有問題來源都歸咎於當年，你聽從父母的意見，但是你現在正在述說當年的決定，或者被決定，你傳遞出來未明說的訊息是，目前仍認定問題在於別人。我納悶的是，你親自來心理治療，但你認為問

題來源是別人，我們能在心理治療裡改變當年的事件嗎？改變當年的別人嗎？你和我當然都知道，過去的事怎可能再改變。但是希望它當年不要發生的心情，卻從來不曾消失過。

你這麼說時所流露出來的態度，是那種被決定的感覺，不只是當年父母替你決定了終生大事，也呈現你目前是處在被決定的狀態裡。例如，現在是我決定時間，如同父母當年決定你的婚姻對象？好像它就正在眼前發生的感覺，而眼前所發生的事，就是指涉你在診療室裡的狀況啊，這也是我親身經驗的感覺。

你是嘗試描述你以前的故事，或是眼前正在發生的故事呢？如果是以前的故事，我如何確定你所說的是真實故事？我不可能判斷啊。如以前其它文章提過的，當我假設你是正在描述眼前發生的事時，至少我可以用親身經驗，來觀察和判斷你所說的這些話語背後的其它意義。

那麼，令我好奇的是，你來心理治療是要做什麼呢？在這種情況下，如果我只是直接問你這個問題，能得到的也是意識上想得到的答案。但我的工作是期待對於潛意識有所了解，難道你期待我能夠讓你在當年的被決定，有機會能夠重來嗎？如果這種期待存在的話，你是如何看待我呢？

或者你是期待我能夠親身告訴你父母，當年他們幫你做了錯誤的決定嗎？何以需要透過我來說呢？只因我是治療者嗎？或者在你內心裡，我還有承擔其它角色？不過這

些都只是我的想像，何以需要這些想像呢？因為我幾乎被你的無力感所束縛，我內心有些急切的是，如果我不趕緊幫你解套，你就會走掉了，不再回頭地退回到，你覺得最能掌握權力的地方。但我看清楚你的問題了嗎？坦白說，除了理論的假設，我對你所知仍有限，而且真的是相當有限，這絕不是客套話。

這是我在治療裡明確的感覺，我如果做不到符合你心中投射的期待，你就會離開我，離開心理治療，將你當年至今的所有恨意，完全投射在我的身上。如果我要逞強做些什麼，或說些什麼自以為高超的意見，好讓你覺得有所收穫，如果我這麼做，就讓我變成不自覺地或被迫地，依你投射的期待而行動，而不是試著在行動前，以語言的方式來溝通這些情況底下，所潛在隱含的種種可能性。

我的腦海裡曾浮現過，我最想告訴你的話是，「要掌握自己的權力，不要將權力交給別人。」但真的是如此嗎？也就是說，問題真的在於這種權力的獲得和維持嗎？我是抱持懷疑的想法，但是要懷疑什麼呢？我覺得從開始心理治療到現在，始終覺得你不是會將權力完全放給別人的人。至少我不會覺得，你有要將權力交到我手上的感覺。

嗯，我想如果治療者忽略了親身和個案接觸的感受，而只完全聽個案的陳述故事，到底結果會發生什麼事呢？是否會陷入了盲目的狀態？治療者認定及完全接受個案所談論的內容，並假設這些內容不受個案記憶的影響，也不受當前個案向誰談的影響；但是當我相信你的故事本身，

卻反而忽略了眼前正在發生的經驗，這不是很奇怪嗎？

　　不過這是不少其它心理治療的模式，與精神分析取向有所不同，這也是我在其它文章提及的，個案所陳述的歷史事實是難以確定，因此精神分析取向以診療室裡的互動狀態爲基礎，並且從此時此地的經驗出發和想像，才是精神分析的出發點。也就是說，涉及了如何將個案所陳述的以前故事，轉譯成診療室裡潛意識的移情，這是精神分析工作的主要核心方向。

　　以你的權力觀點爲例，對我來說，你在診療室外和其他人的權力互動方式，是我的參考點，但不是主要的工作點，我眞正的工作點在於，你在我眼前所呈現的權力現象，如何不自覺地投射呈現在我的身上，當我能夠不再只浮沈於你的故事裡，而能夠這樣觀察你和我之間的潛在意義時，才是開啓了潛意識工作。

第十二章
再談談治療者到底想「挖」什麼？

　　你已經兩次缺席了。雖然你起初也是抱著強烈的動機要來進行心理治療。

　　回想起來，在前幾次，你就流露出，對於治療現況的隱隱不滿，尤其是你重複提及最近在家裡所發生的問題，跟來治療前都一樣。所謂都一樣，是意味著你不滿意來心理治療後，並沒有改善你目前想改變的問題？

　　雖然很難判斷你重複提及家裡的問題，是你覺得我可能無法了解你，或者是你對自己不夠放心，因而不確定你重複提及相同問題時，你是否已經表達清楚自己的想法？

　　就算有理論和經驗的依據，畢竟每個人的問題都有它的獨特性，在我還來不及區分這些潛在的種種可能性之前，你就提出了說法，說你想要去工作了，但是開始全職工作後，就可能影響你的心理治療，因為工作可能讓你難以再有時間來心理治療。

　　對我來說，雖然常常遇見個案在心理治療診療室裡，碰到治療的困難時會以有工作為理由，進而影響了心理治療的持續。這些治療的困難可能是個案逐漸觸及了，某些早年創傷裡難以忍受的材料，但是作為治療者還是嘗試假設，就算是提出相同的期待，是否每次總是一種新奇，不全然只是百分之百重複早年的經驗，因此是否不只有一種

固定的意義？

　　因為就算有了這些經驗，個案在什麼時候會提出這個想法，常是出乎治療者意料之外的時候，有時是印象中，前一次覺得心理治療進行得還不錯啊，個案怎麼就突然提出要離開呢？或者有時就算覺得有些停滯不前，但也不必然覺得你已經要提出工作的理由，而讓治療陷在困境裡。

　　我回憶那次治療，覺得有被你威脅的感覺，只是我在當時雖然想要向下「挖」出你真正的想法：我是假設你有個不懷好意的想法，準備要說出來；但是又擔心你可能會反擊？也許應該說，擔心你會反擊的感覺是時時刻刻存在，不過我不確定你是否能接受，在診療室裡你有在傳遞內在的攻擊？

　　或者那只是我受挫後的反應？我是繞在這些困惑裡吧？對我來說，困惑就是困惑，雖然這些困惑是重要的動力，推動著我往前探索。我沒有必要放棄自己的困惑，雖然在一時之間，還沒有讓我能夠說得較清晰的一些想法。

　　雖然我很難說清楚，到底你的反擊是指什麼？不過，不是言語的直接攻擊，也不是肢體攻擊。我當時就陷在這種感覺和疑惑裡。看來你的想法是走在另一條路上，或者你想要工作而終止治療，是在上次會談時即出現了？或者是你回去後，在家裡才開始這麼想？

　　我此刻回想，是否因為當時在那種感覺下而未能跟你談論，你是否想要離開心理治療？回想上一次會談，在現場，我的確沒有想到這個問題，雖然一般來說要想到這個

問題是臨床很常見的。

　　我的論點是，很難確定是否會因為有一次沒有跟個案討論，個案是否想離開心理治療這件事，就會明顯影響個案的舉動？也就是說，是否只因為治療者一次忽略這個重要心聲，就會讓個案覺得不被關切，然後想要離開心理治療？或者你在更早時就有想離開心理治療的跡象，只是被我忽略了，而且你也還沒有在意識上感受到這種潛在的動機。

　　也就是說，原本屬於潛意識的動機，是什麼樣的情況下，潛在的動機成為行動上的真正決定因素呢？或者是不自覺地先去找了工作，然後工作的動機被後續形成，才讓更早之前想要離開心理治療的動機，跟著明確化而浮現出來，變成是後來的現實問題，因為要全職工作而無法再心理治療？

　　另外，值得再深思的主題是，我是以要「挖」出什麼材料，讓我覺得可以因此更了解你。一般治療者常見的期待，常以「挖」來形容自己的「探索」個案。除了工作外，是何因而不想來心理治療？不過雖然是常見現象，並不是意味著我想要以一般化來看待它，畢竟仍得嘗試以治療脈絡的特定狀況，來思索到底要「挖」什麼呢？

　　我先跳開來想一下，當治療者以「挖」來形容自己想做的事情時，是否意味著強行的挖掘，除了可能反映著治療者的攻擊性外，還隱含著有一個標準答案在個案心中，因此治療者以為只要把它挖出來就好了？其實，我深知不

必然如此，因為以此時此地來說，關於個案的答案，除非我們完全相信個案所說的，不然我們的想像和推論只是假設（就算很符合現有理論），是當前個案要說給治療者聽的故事，不必然是個案當初缺席時的心情和感受。

回想起來，當我想以「挖」這字眼，作為我執行心理治療時的作為，雖是常被使用的字眼，卻隱含著我的無力感，為了克服這種無力感，需要一種有力的感覺，進而覺得只能以力氣「挖」來找到真相，因為我不自覺地以為，你有生命早期的創傷故事在腦海裡，以為你只要能夠說出那些故事，就會改善目前的問題了。

雖然我的經驗早就告訴我，這個方向並沒有如一般期待的有效果，但是我這麼做時卻忽略了所隱含的內在攻擊，反而讓你更困難思索當前的狀況。也就是說，當我要「挖」故事的時候，內在原因是有攻擊意味，所以你自然會保護自己，就算你有所回應說了某些以前的故事，在這種氣氛裡的故事是什麼意義呢？跟其它時候說相同故事有怎樣的差別呢？

詩

台北的主義（短詩系列）

很少有人跟別人沒有結仇

如果有仇是三代前的事／露珠上的路太遠
不要鬧了／走到那遙遠的地方
直腸早就打結扭曲／先倒地了

如果有仇是二代前的事／要睜大眼看
是不是認錯人／不要隨便在街上
就想找人算帳／很少有人跟別人沒有結仇

如果有仇是上一代的事／閉起眼睛就好了
不要一直苦勸自己／要原諒誰／這種苦
只會替眼睛裡的海牛／帶來更多憎恨

如果有仇是這輩子的事
要叫死去多年的阿公出來／暗暗
送給仇人活生生的三字經
剛好滿足三代人古老的形上學

我們只是影子剛好交叉

你說／我跟你在不同場景／我們只是影子
剛好交叉／在一棵正忙於開花
不理會任何人的拔子雞油樹頭頂

路燈沒事找事做／為了緊皺額頭呈現納悶
竟宣稱台北街頭／整個夜晚的愛和擁抱
是最看不清對方的時候

各自看著對方背部的遠方／我們卻覺得這時候
最幸福／只因為就是秋天
除此外不需要其它理由

聽說有愛情最寂寞

再沒多久／你就知道
會有微笑掀翻兩張桌子後
滿地碎屑裡／出現你的人生

你知道／我不會笑得跌下高腳椅
椅子上有兩杯人生／多麼美妙的事
就算跌下來／頂多我的詩被壓成
說不出口的髮型／你照樣有你的人生

我們還熱心替騙我們的人／找到他的人生
聽說有愛情最寂寞／有乳房最哲理
如果故事重新從壁燈上走下來
要先修改地上影子的左眼裡／淚水殘留

未來是現在最糟糕的口水

未來是現在最糟糕的口水／接吻後流了滿地
昏黃壁燈看見了一切
只是找不到解讀的愛情工具書
我們其實一點也不喜歡／被騙的感覺

台北街道靠近夕陽的盡頭／有三場鬧劇
我們是自己騙自己／真的／我們能接受的底線
是我們欺騙自己／只因不再喜歡被騙了

我們絕不可能被別人欺騙／因為喜歡自己
是一項飛天鑽地的專業／需要深度的秋天
沿路踢翻滿地葉脈裡／穿梭的政治／
淫蕩呻吟聲

在胸襟冒險開出來的花

你們有槍有砲火／還有可以噴出
摻胡椒的水／請問／那是精液嗎

這是必須的嗎／只不過要去遠方
尋找心思的空曠丘陵地／有三棵會說話的黃花
讓人的視野和聽覺／朵朵心花

我沒有要摘那花朵啊／只是要去看看
叫做自由的花／是很多人上街
被敲打頭皮後／在胸襟／冒險開出來的花

愛情路過空口說了四桶白話

兩句爭執多年的晚安
回家穿上睡衣前／不確定是誰
掉落思念在水溝蓋旁

地下水道流過最真實的一天
有人昨夜半路攔住
失去多年路過的愛情／空口說了四桶白話
一桶廢話／三桶髒話

急著想要找出已經陣亡／口水裡三個故事
埋伏一隻有尾巴／讓別人踩的總統
還在等待高潮人生

(2014.06.30初稿)（再校2016.11.14）

夢從此在佛洛伊德的高帽上炒飯
（大概是詩吧！）

洩密還有多少隻精子在路上徘徊

什麼眼淚
是最純眞年代
滴在時間上　有一顆無花果　枯乾呻吟

夢不會問出這麼清楚的話
雖然曾問過永恆
它問的可能是有純眞嗎　至於有多長
那是人爲的洩密　還有多少隻精子
在路上　徘徊自己的人生

永恆有十一條腿
但是人關切的第十二條腿
那裡去了　沒有人相信
它走進永恆的尾聲

希臘藍沿路吟唱長滿苔蘚的詩

要有平凡的事吧
人本來就是平凡的
夢只說一個平凡　但我不願意
我堅持不平凡

在東方海上小島
我睡前喝下兩口水
夢卻要在地中海　採摘一籃無花果
一棵樹不是產季
卻只一心一意要躲起來避禍

有人因此想到藝術問題
我堅持不平凡
催促殘忍的希臘藍
沿路吟唱　行間長滿苔蘚的詩

不小心頂撞戴著鴨舌帽無意識的鐘聲

接近結尾的一片心聲
滲出了生命的鹽粒　臉頰收集多少隻鹹水魚
對孤獨才有療效？

好人吞下沒說出口的壞話
佐配百分之十四酒精濃度　執意迷路的淚水
夢不會因想家而傷胃

至於藝術的出發點
是一顆心
想要踢醒夢時　不小心頂撞了
尾聲戴著鴨舌帽　無意識的鐘聲

淚水滴下來腳下是想抵達的地方

一滴淚水
宣稱手腳軟弱
要花兩分力氣　痛恨一個明白的敵人
懷疑半個不明不白的朋友
再配九分心思要復仇

半路上走進夢裡
夢說沒有半路這件事　只要淚水滴落
腳下就是想抵達的地方

夢說已經完成復仇了
半乾淚水撐起最後一口塵埃
說只在復仇的半路上
要藝術家幫它畫出　一路上有山有水

懶惰一定是鹹水味

懶惰一定是鹹水味
在人生大海裡　一條熱情的魚
學習翻身技術　滿身大汗
奢侈揮霍復仇的心情

一道江湖名菜　從嘴角出走流浪後
舌頭一路追趕
安撫牙齒執意不想動搖
對故鄉的懷念

夢一路勤勞　指揮一個藝術家
在暗夜裡　當三天模範生
負責叫醒愛幻想
卻懶得做夢的人
雖然三天　等於一輩子

卻想念一隻杯子的影子

沒有星星的夜晚
悲傷的面具
讀了一本書　不可能流淚的面具
卻有一滴古老淚痕
開口說完全不懂星星
卻想念一隻杯子的影子

他想到她　她也想到他
夢刻意把這種晦澀
配上明明白白
兩隻交尾的紅豆娘　飛過飢餓青蛙眼前

她想到他
他也想到她
他是濃霧　她是晴朗的天空
是夢在擺弄人心的曖昧？

（2011.05.15初稿）（2016.10.15再校）

魔神仔在後尾巷對人的演說

（是詩吧，希望是！）

愁

每天發生戀愛故事
大大小小
多愁的黃色小燈籠
才能真正讀懂
彎曲窄巷路底
虛假心意兩片掛在門牙上
排隊等候門神
跳進胃腸做黑暗的祖先

謊言

原本掛在門口
黃色燈籠
走錯了出路
只好夾緊大腿
風吹來時
讓屁股減少風寒
可憐老頭的毛線帽
吞不下一口政治謊言
太招搖
加上漫漫長夜
黑躺在路上
被黃光馴服
人的心腸更黑暗了
拉扯滿地不可收拾的心酸

反叛

隨風招搖
無法自制的髒話
被孤獨出手曬成菜乾
收藏擺在
走來走去的倉庫
避免浪費甜蜜
淺嚐一口新鮮謊話
拿出披著霉菌的一行字
用心仔細閱讀
巷子裡或坐或臥
月光獨白的百科全書
幫他過完無可奉告的反叛

愛情

燈籠沾有兩滴風霜
刻劃腳底掌紋帶傷的歷史
以版畫豪邁刀工
寫在六片愛情的嘴唇
褪色的雜念
趴在淺黃色嫉妒上
宣稱五種情慾走踏過女神肩膀

悲傷

悲傷是彎曲一條巷弄
有歷史深度和廣度
但是
人只相信
眼淚背著淺薄的暗夜窄巷
燈籠就亮著
照亮離家出走的常識
逃進百科全書黑暗版頭條項目
從此
虛假的愉快在嘴角逞英雄
讓仇人的咒語跑出肚臍
化身成日常生活

煩惱

如果有人要對煩惱
保持忠貞
這是諷刺的描述
那麼
這個人只適合手淫
真可憐啊
不過
在黃燈籠下
閱讀百科全書時
煩惱擺出姿勢
摸著自己身體的手勢
不小心有呻吟聲
這是什麼世界
悲傷都帶上保險套了
想要高潮
卻不想要自己的子子孫孫

（2013.08.16初稿）（2015.06.16再修）

小　說

我和我老大的三個女人

　　我先畫蛇添足，我這麼說並不是要你看見蛇，重點真的是在腳，我不能明說這是真的故事，因為這些人都還活著，他們都是受苦的人，活到現在，但我也無法說這是假的故事，這是詆毀她們。

　　我叫做文龍，不過這是假名。我是我老大的特助，我老大是位專家，能夠以行動藝術的概念，來幫別人做討債的工作，這是天才的工作。我相信你們一定可以看得見，我和我老大的三位女人之間的行動藝術，可不是低俗搞笑的鬧劇，雖然我後來發現，她們的悲慘被我藝術掉了。

愛情第一：是誰把裴娜搞成大肚子

　　裴娜當年是在被拳打腳踢下「出社會」，她躲在牆角不再哭泣了，直到大家都睡了，她才起身，挺直著疼痛的身體，安靜地走出家門。那天是她十三歲生日，九月二十三日。

　　二十五歲生日隔天，裴娜的肚子，為什麼大成那樣子？孩子該有三個月大了吧？

　　這個消息如果驚動了我老大，我可能是第一個會遭殃

的人。我確信我是無辜的人，但是無辜並不見得會被當作一回事來看待，尤其是裴娜被搞成大肚子了。

裴娜是我老大的女人。任何人都知道老大的女人是什麼意思，不必我大費力氣說明吧。她真的是老大的女人，而且是我老大的女人，天啊，我真該為這件事替自己有所澄清，以免我老大派人把我做掉了。這不是開玩笑的，我老大要贏過其他男人，卻心甘情願輸給他的女人們。但這並不是說，我老大就可以接受他的女人被搞成大肚子。

我老大第一次帶我去看她時，在她和我老大談話時，她突然抓起我的右手去摸她的左乳，隔著衣服，她那直挺挺的乳房是玉山。我嚇得看了我老大一眼，還好我老大果然是做老大的料子，他沒有盯著我的右手，在裴娜的乳房上並沒有極力地掙扎，也沒有想要抽回來的樣子，雖然我的表情是極力地要抽回手。

「你有看見嗎？我一直想要寫出自己的心聲，要讓大家知道如何應付男人？」這是她對我老大說的話，她偏偏在這時候突然抓我的手去摸她的乳房。

我老大看著我的褲襠，直到他確定看見我那裡有異軍突起，我老大才開始得意起來，他的女人不是隨便的貨色。還好如此，我才不會出事，這是我常慶幸我跟對了老大的原因之一。首先，我老大很識貨，他的女人都是相當漂亮，有姿色，另外當我老大在應付她們有困難時，都會叫我來幫忙，我知道當我說叫我幫忙時，一定會惹來大家眼睛一亮，哇，這是好差事。不過，這是別人所想的，在

我的生活裡比這還要複雜。

我老大有一位正娶的女人，我們不會叫她「我老大的女人」，當我們談到「我老大的女人」，指的不是這位叫做太太的女人。我老大一定要我們搞清楚這點，不然我老大的腳會不小心踩到我們的頭頂上，光憑這個動作，就足以了解我老大的厲害了。

但是，我如何向我老大解釋呢？

其實答案很簡單，沒有人敢把裴娜搞成大肚子，除了我老大以外，我老大是唯一的例外。但是我老大近三個月都沒有上過她啊，她怎麼會大肚子呢？難道是我？如果是我，那怎麼辦？雖然我問這個問題時，心中很篤定，不可能是我。這種篤定並不足以安慰我自己，我一直無法說清楚這件事。

她竟然說，她想要寫出她作為女人的事情。天啊，這是怎麼回事啊，這個世界真的是大亂了，更難了解的是，我老大的女人們竟然有三位都跟我說過，她們一定要寫出自己的故事。天啊，不要找我麻煩了，我寫下她們三個的名字，希望不要再有第四位了。她們是裴娜、瑪麗（普通的）、瑪麗（教父的）。

她們都說要寫書給女人看，如何應付老大，如何做老大的女人。雖然這跟我無關，反正我本來就無心做什麼老大，但是真的無法想像，我老大是位專門跟人討錢的男人，竟先後找了這三位女人，而且跟著他一陣子後，她們就都浮現了，要寫書給女人看的想法。

　　我老大當然知道他的女人們的想法，但我老大只吩咐說，寫什麼都可以啦，就是不能寫到我老大太太的事，另外，不能描述我老大和她們在床上的事，不能太細節。因為我老大說，有些事是他的獨門技術，絕不能外露出來。這就是後來我老大指派我，要去監督他的女人的文稿的原因。我當然知道台灣曾經戒嚴過，對於文字的出版都有審查，那是可以把人抓起來關的手段。但她們是我老大的女人，我要如何做呢？尤其是我老大的女人都很有個性，不見得對我老大的話會全部買單。

　　那些都是假名字啦。裴娜曾說過，她聽說那位文章都被誤解成是在搞「性」的佛洛伊德，曾談論過替自己的案例找命名的有趣的現象，不過那不干我的事。她的桌子上竟有《夢的解析》這本書，我曾拿來翻過，只覺得天啊，我真的替佛洛伊德覺得可憐，如果要寫「性」，何必這麼麻煩啊，繞了那麼大的圈子說得很複雜，卻離床上的性很遙遠。裴娜的書，要從第一個字到最後一個字，徹底跟性有直接相關。反正不管啦，因為我根本不相信，她的書會有人要買，因此我旁觀就好了。

　　我的了解是這樣，裴娜是截取自畢卡索的愛人「裴娜狄斯奧莉弗」，她說她很喜歡這位女人，但是她當然要做自己，不可能跟對方取完全相同的名字，她說得很自然親切，「就把她名字的頭割下來，成為我的名字」。

　　我至今還難忘記，當她說出這句名字的起源學時，用手比出拿著刀子的模樣，往下切，我褲襠裡的小弟還緊縮

了一下，它在告訴我，對這位女人一定要小心。雖然後來相處久了，就不再那麼害怕了啦。不必替我擔心，這個故事就是寫裴娜，但是當初那種害怕的感覺，還是被我的小弟深刻記得，那種突然緊縮起來的感覺，真的，這輩子都忘不了。

有一天，我記得是太陽天，她不想出門，我坐在窗旁的椅子上，陽光斜射在我的肩膀上。我望著窗外，在想些什麼事吧，談不上心事，我很少有心事之類的。我更像是無所事事啦，後來她坐在床沿說，她知道裴娜狄斯奧莉弗是年輕的畢卡索到巴黎開始他的藝術生活的第一位女人。據說對裴娜狄斯奧莉弗來說，畢卡索當年實在太嫩了，不合她的胃口，不久她就投進另一人的懷抱了。我沒有細究她說這些故事要做什麼，除非她在跟著我老大前，有了另一段戀情，然後她拋棄對方來跟著我老大。

她曾說過，她很看重愛情，「愛情是第一」。這也是她一直跟著老大的緣故，我不知道要如何相信，但是她說得很認真，反正，我沒有義務，也沒有權利，反駁或同意她的說法。

關於裴娜要寫書，我一直當作是愛說笑來看待，我還曾開玩說，「難道，只因為手提電腦太便宜了！」裴娜不但沒生氣，還用手肘撞我的下體說，「你不要裝了，我看你是很有慧根的人，搞不好你寫的東西會比我還有名氣。」難道，下體和慧根是有關係嗎？唉，不要亂扯了，要是被我老大知道這件事，我可是要小心些，以為我真有

什麼能耐寫什麼書，有這樣的書嗎？跟著老大的小弟也出書了？我真的得謹慎些，以後跟我老大報告近況時，我褲襠裡的老二，一定要緊縮躲起來以免自找麻煩。

我老大的手提電腦，也是每半年換新的。我老大很跟得上時代，但是我不曾聽過我老大說，他要寫下自己的故事。我料想我老大不敢寫，他一輩子過得那麼髒那麼黑，但是不要開玩笑了，那些黑暗事件經由文字被漂白，這個世界不就混亂了嗎？畢竟我老大的故事，和鼎鼎有名的美國電影《教父》是差太遠了，雖然我曾一度在看了《教父》後對我老大有些失望，但是聽了裴娜說，我老大對她的愛是世界第一，她這麼說讓我想要吐嘈她，不過我轉眼一想也沒錯，在《教父》裡是沒有像我老大這種愛情故事，我老大的女人都這麼說了，我還能怎樣呢？

「我可以寫書，教女人如何應付男人，這是我對你老大的愛情！」裴娜說得很認真。她不是天真的少女，早就不是了，更不要說是無邪，但她對於我老大的愛情，我卻只能覺得怪事，她是很認真的。

我老大最強調，這世界不能亂，不過這不是國家大事的想法，是他把太太和他的女人們弄得不亂的意思。我最知道實情，不可能像我老大期待的那樣子，好吧，好吧，我要談的是裴娜的肚子大起來的事。那陣子，我老大派我在裴娜旁邊服務她，理論上只要有同意，我可以做任何服務。這種理論並沒有被寫在任何書和紙上，完全靠的是默契，我和我老大及裴娜的默契，但是我是做人家的小的，

怎麼可能參與意見呢？

「你叫什麼名字？」

「我叫文龍。」

「碗膏啦，什麼文龍，叫無尾蛇，卡像啦。」

我的名字就這樣被裴娜改成「無尾蛇」，三個字的名字，叫起來很麻煩，但是既然裴娜不在意，我也不那麼在意我的名字，因此也就算了。

我不算會講故事的人，我竟然還沒說，到底我為什麼會去跟在裴娜旁邊，而且一待就好幾個月，那段時間，我是被我老大吩咐重要任務，隨時跟在裴娜旁邊。我老大當然有很多工作要做，例如負責喬事情，是否有人黑吃黑，吞掉討債的錢？或者還有他的女人們要應付。

有一天，我老大叫我跟著他一起去裴娜那裡，這是我第一次跟我老大去看她，雖然我早就聽我老大說，裴娜多麼讓他傾心相愛，他是如何將他會的所有床上技術，都用在她身上。我和裴娜初見面的這次，我老大並沒有和她做那件事，我的意思是我老大沒有像去找他的其他女人時，叫我等在門外，直到他們辦好事了才叫我進去。

我記得那次見面時，他們的某些對話。

「幹！你在說什麼，我聽嘸啦。」

「我才不管你是不是聽得懂，我就是要寫一本書，教別人怎樣做大哥的女人。」

「我做大哥是我的代誌，你不要寫那些有的沒的。」

「你做幫人討債的代誌，也不是什麼光榮的代誌，我

寫這本書幫你漂白。」

「我不需要。」

「我會寫出你有多麼厲害，讓我全身唉唉叫的爽快啦。」

「免，免，我不需要你替我廣告，已經夠了，我不需要出名。」

「我就是想要說出自己的心聲，你不要管，不會讓你漏氣啦。」

「你讀書讀得零零落落的，笑死人，也不去照照鏡子，要寫書，我實在不知你在想什麼？」

我站在一旁覺得很好笑，但怕我老大的拳頭落在我的頭上，只好裝作聽不懂他們在說什麼？這樣做不會太困難？當然啊，有一直硬挺挺的，還好那天的褲子是寬鬆的，這種克制就需要真功夫了。

「為什麼，我不能寫一些想法？」

「你要寫其它的，我沒意見，就是不要寫我。」

「為什麼？」

「我是黑暗中的人，做的是黑暗中的代誌。」

「你不想要漂白？」

「不是你想的這種方式。你寫我在床上多麼厲害，這也是黑暗中的代誌，讓別人看見後，以後我去跟人家收錢，人家如果對我說，我那隻是真厲害的大鵰，讓別人帶著羨慕眼神，不再只是很怕我，那麼，我的錢收得到嗎？你知道嗎？重點是要他們怕我，任何會讓我討債的對象，

偏離害怕我，都不是好事。」

「騙肖仔，我不怕你啊，對你，還不是服服貼貼。」

「服服貼貼？你是練肖話，如果是服服貼貼，我剛剛還要說這麼長的一串話嗎？」

「我一定要寫啦，不然，你就離開我啦。我一定要寫出心聲，讓打算要跟我做同樣事的女人，知道如何抓住男人的心？」

「我不知道，這個問題對女人真的那麼重要嗎？這個時代，真的還有女人要抓住男人的心這種事嗎？不過，我見識有限，我不敢下定論。」

「……」

「文龍，你就留下來苦勸她，叫她死了這個念頭。」

「勸什麼？」

「你剛剛在做什麼？我要你留在這裡，至少三個月，替我好好勸她，不要再寫那些不三不四的東西。」

「喔！」

「我要走了。」

我老大就這樣把我放在裴娜這裡。這是我跟著我老大以來，第一次跟我老大分開。後來，我老大也有叫我留在他的其他女人身旁，這些故事讓我領教了，女人真是百百款，我老大覺得我是個鬼靈精，因此一直留我在他旁邊幫他打雜，今天我老大叫我留下來，我不知我能幹什麼？我猜想我老大可能要我監視裴娜吧？如果是監視，是指看著我大哥的女人們，會不會在我老大不在時，另找男人惡搞

吧？這種監視不是困難的事，我老大的另位女人，瑪麗，有一度我老大也叫我監管她，但是瑪麗挑起更複雜的性活動，這是另一個故事了。

不過，裴娜的確有所不同，在她和我老大爭論時，她的性感更是破表了！我要花更大的力氣來克制我的下體，不要做怪，我看著她的臉，左鼻孔左邊半吋遠的地方，有一顆很淺淡灰色的點，那是她臉上唯一有瑕疵的地方吧？後來我才知道，那點有時會一點點粉紅，表示她真的有性欲了。其它的時候，它都只是在故意挑撥或挑釁。

在老大離開後的隔天，一大早，她就醒來，我睡在沙發上，裴娜故意用手肘輕撞我的老二，還說，「不要再假裝了，你昨天來這裡就有很多話要說了。不要再裝了。」她還說，我是能夠說很多話，替男人留下有意義想法的人。我不知道她到底要玩什麼把戲，我根本不需要留下什麼話，對別的男人有什麼貢獻啊。

「你不要假裝了啊，再假下去，就沒意思了。」

「什麼意思？」

「不是什麼意思，是再裝下去，就沒意思了。」

「我不知道你的意思？」

「我要你到我的床上睡啦。」

她再用手肘撞我下體時，她發現已經軟化了，就笑說，「被我嚇著了啊，哈，真有趣，我又不是虎姑婆，不會把你吃掉啦。」

真的有這樣的故事發生過嗎？從這次後，我發現自己

在裴娜面前已經硬挺不了，我一度開始擔心，這輩子都會這樣子了。我忍了一整天，根本無心看她在窗前用筆記電腦寫東西。有時候，她拿起電話跟人聊天，有男有女，每個人都說得，好像她都曾經跟對方上過床的樣子。也許是我自己心情在搞鬼，才會這麼覺得吧？

「我要寫，不要讓男人在第一次，就摸到屁股上方一公分的地方。」

我搖搖頭表示不了解她的問題。

「你是說，我不能寫這句嗎？」

「我是不了解你的意思，為什麼不能讓男人在第一次摸那裡？」

「那會讓女人從此失去堅持所帶來的樂趣。」

這是我的工作的一部分，除了下樓去買便當，或陪她去百貨公司買東西，或者陪她去書局買書。她一天可以翻看至少三本書，我不知道有多少人願意相信我，這位國中讀到二年級下學期就逃家，到處鬼混，看過不少世面的裴娜，現在整天除了電話中和別人說些，讓我分不清楚是真話或假話的情話，或者是電話中和別人說，卻是故意要刺激我再硬起來，跟她上床的情話。

她說我老大叫我留下來，是要我監看她的作品裡，關於和我老大有關的情節，都要有所過濾，尤其是關於床上技術這類的事，甚至不能太美化我老大。她說，我老大如果看見有人把他寫得太好，這不但影響他的客戶會不再怕他，讓他辦起事來要花更多力氣，來讓對方害怕他，這是

很辛苦的事啊。

另外，她說我老大還告訴她，「我不需要太被美化」，不然他在面對她時，會不知所措，這樣子會影響他的性能力。我老大要她想清楚一點，不然會耽誤了自己的幸福。也許是這點才讓裴娜願意寫一段後，就問我這樣好不好，能不能出版？

「你就不要客氣啊，直接就抓起他的老二啊。」這是她在電話中的對話。

我每天都要陪她上一次書局，例如，有時一大清早，她就把我吵醒，說臨時想到要找一本書，有關衣服袖口變化的歷史。有時是晚餐後，突然想到她要寫一隻五色鳥，因此要去找一本關於鳥類的書。她說在網路上有了一些資料，但無法找到她的疑惑的答案。到底是什麼疑惑？她通常就不再多說了，甚至也常是午夜，她換上睡衣後卻突然改變心意，說她想要去找一本書，談什麼是正義？

「難道我要自甘於只是別人的女人嗎？我要去找書，想想這個問題，難道我不能做自己？」

其實她要做什麼，我根本管不著，我頂多只有她給我的權利，幫她檢查她要出版的書裡，是否有我老大不想被公開的內容？我老大不喜歡被裴娜寫得太好；變成一位好人，會讓他的工作變得不好執行。

她常是這樣子說話，她認為我都聽得懂的樣子。但是當我跟不上她想的事情時，就變成她在自言自語。不過，不要誤會，她可是精明得很，不是生病，而是她心裡有東

西在煎熬著她，那是很困難的經驗吧？她的話語裡最常出現的詞是，做自己，但是每次她這樣說時，只帶給我更多的困惑，好好日子不過，何必這樣子煎熬自己？只不過為了寫一本書，要這樣子對待自己嗎？

我隨時隨地都聽我老大的話去做事，我並不會覺得我沒有做自己啊。

我陪裴娜每天去書店，至少要花個兩個小時。奇怪，我老大每個月給她的錢，應有我老大給我的錢的十倍吧？竟然她還要為了省些書錢，而要花兩個小時東翻西翻，最後再挑三本書回家看。後來我才知道，她是省下錢寄給她媽媽，不過，我不知道是不是她的媽媽，或是她以前工作場所的媽媽桑？另外，裴娜常在電話中親密地叫不同的男子，爸爸之類的話。因此我無法確定，她省下這麼多錢，到底是為了要給誰？

我還是交待一下，以免後來忘了這件事。那天，我被她用手肘撞了我的下體時，她叫我不要假裝了，我原本真的是克制自己的欲望，但是後來卻發現，那不是假裝，而是真的無法硬起來。為了了解這是怎麼回事，當天半夜，我偷偷溜出去找我老大的另一位女人，瑪麗（普通的）。那個晚上，我知道我老大是安排去找裴娜和瑪麗外的另一位他的女人。那晚，我和瑪麗在床上玩。

當我進去瑪麗的房間時，她正在書桌前寫東西。她也是正在寫書，以手寫方式寫在綠色格子的稿紙上。她為什麼要寫書？這是另一段故事了，她的化妝鏡前的桌子上，

有至少二十幾支不同品牌的鋼筆，她堅持每支筆只用某一種藍色系的墨水，而且她坐在書桌書寫前，一定要化上濃妝。裴娜整天都是素顏在看書，或坐在筆記電腦前打字。

那天我並沒有先打電話給瑪麗，說我要去她那裡。我知道她的生活習慣，當我到達她的房子，拿鎖匙打開她的房門時，她正坐在化妝台前，拿著鋼筆很認真地寫著她的書，只轉頭對我說，等她十分鐘，她一定要先寫完這段。我只好坐在床沿，看著化妝鏡裡，她趴著寫字的姿勢，看見她化濃妝的臉，讓人根本無法看清楚，她是怎樣的人？

當她寫了告個段落，她回頭問我話之前，我就已經撲到她身上去了。我只脫掉她的內褲，她堅持一定要聽電影《巴黎最後探戈》的一小段舞曲，她的豪華音響裡隨時放著這部電影配樂的CD，我知道她的堅持，無法強迫她。她曾說過，這段擁抱隨著探戈舞曲搖動身體，才是她最能做自己的時候。當躺在床上，她就不再做自己了，她也不願意在這時候做自己，她覺得要被玩，才是她最想要的自己。

後來，我感到非常滿意地離開瑪麗。當我走出那棟高級公寓豪宅前，在一樓大廳裡的守衛，半睡半醒，還匆忙站起身跟我點頭致意。我寧願他知道，我今天是很滿意地離開這棟豪宅，因此我也很有禮貌地跟他回禮，在以前不曾這樣子相互對待過，一定是我的滿意神情無法撐得住，這件神秘不需要讓別人知道的事。

我卻很希望，一路上所有人都知道，我剛剛發生了什

麼事。關上金邊黑色大門後，踏出大樓前的巷道，根本沒有任何人，這讓我有些失望，不過這種失望並沒有減損我的滿意感，原本只是希望，如果有人在路上，我流露出來的滿意，經由路人的會意，我的滿意會因此而加碼。我玩得很滿意，很愉快，我確定自己果真沒事，我還是很有用的，我才趁著太陽出來前，趕緊再回到裴娜那裡。

「難道，這樣子我就是做自己了？」不過，我並沒有認真想這個問題。

回到裴娜的肚子被搞大的問題前，我應該說一下我老大名字的由來，大家就會知道為什麼「誰把裴娜的肚子搞大了」這件事，是相當麻煩的事。我老大名叫「杜沙」，可不是一般以為的「馬沙」之類的俗氣名字，我老大的名字也是有歷史典故的。

聽說在一個偶然機會，我老大帶著七八位同伴，要去向人討債的路途中，有兩位高中女生手牽著手，正要去上學吧。我老大覺得今天出門是有些晚了，他還為了這點罵了一位同伴，因為那個小弟去買早餐的油條時，竟為了一碗豆漿和老板爭吵而晚回來，以致拖晚了今天預定的行程。

通常欠錢的人家裡如果有還在就讀高中以下的小孩，我老大會選在小孩上學出門前的時刻，去找欠錢的人，那時候最具有驚嚇效果，而且是最不需要說出一些違法的話，就能造成驚嚇效果的時候。這天，他悄悄湊近那兩位高中女孩的旁邊，他聽到兩位女孩正在談一件很玄的故事。

後來他只記得故事裡有一位叫做「梅杜沙」的女人，

只要有人看見她就會變成石頭，她手上常提著男人的頭。聽後，他相當喜歡這個故事，就特地去書局找書，要弄清楚這位讓他敬佩的女人的故事。她的樣子和故事，就是我老大想要的：別人看見他時，就要很害怕。有人傳說，我老大就是在書局裡遇見了裴娜。

裴娜也在書局裡，看起來失魂落魄的女孩，一本一本書翻著，但每本書都是翻不過一頁，就換另一本書，好像無所事事，又好像在尋找著什麼重要的內容，卻又都不是讓她可以滿意的書。我老大刻意問裴娜，知不知道有位女人，讓人看見她後就會變成石頭？我老大還要再說，那女人手上拿著男人的頭的故事時，裴娜等不及我老大把故事說完前就說，「是希臘神話的故事，那女人叫做梅杜沙。」她幫我老大找到那本希臘羅馬神話集的老書，還幫忙翻到這位女人的故事那頁。我老大終於確定這位女人叫做「梅杜沙」。

這是我老大和裴娜首次見面的場景，真的也神奇的太像神話傳說了。不過裴娜並不是那天就跟著我老大走了。我老大帶著那本神話集回家，認真看完梅杜沙的故事後，決定改名叫「杜沙」。他決定把第一個字的「梅」砍掉，就像把「梅杜沙」砍頭那般，只剩下「杜沙」，成為我老大走江湖的名字。「要讓聽到我名字的人，在我還沒到現場前，他們就開始發抖了。」我老大是這麼說。

裴娜的肚子是有些變大了，我也看得出來，在這三個月，幫忙我老大看守她寫書的日子裡，我發誓就算我曾幾

次喝醉酒，也不曾和她真正做過愛，一來跟她沒有愛，二來我已經只要跟她就是無法硬得百分百，我相信就算喝酒也是相同的結果。三來就算她有好幾次曾壓著我的頭要我吸吮她的乳房，這不表示吸乳房就會讓她肚子變大啊。

至少有兩次吧，兩人都在半醉後，她壓著我頭在她的乳房上，但是我吸了一會兒後，她突然哭了起來說她的故事。因為都在酒後，再加上她正在寫書，我真的分不清楚，這故事是她的想像或她在說自己小時候的經驗？不過，這不關我的事，因為依據她轉述給我，我老大要我檢查她的書，只限於不要把我老大變得太和善，床上功夫很厲害之類的，其它的，我老大都不管，加上我跟她相處這麼久了，我也看不出這些故事對她平時有什麼影響？可能是我走踏江湖的經驗還很有限，看不出裡頭的細緻，因此我就把她那幾次酒後，硬壓我的嘴巴吸她的乳房時，她說的故事轉述如下。

在七歲時，父親走掉了，她不知道為什麼知道這故事，不是後來父親一直沒回來才知道，而是她下課回家時，她走到門口，就確定自己知道這件事，一定在很早的時候，她就知道這件事了，甚至在她還不會說話前，就知道父親走掉的事了。但是，她至今仍不知道，如何說她知道的理由？

現在，母親仍然還活著，她卻一直猶豫是不是要說出這件事？要不要問媽媽的意見？當初母親拿著竹子打她時，竹子貼在她皮膚的感覺，不是皮膚的痛，是媽媽臉上

的淚水是一條大河，媽媽正走進那條河裡準備要淹死自己。後來，她覺得不是一條靜靜流過山谷平地的河，而是一片大海，讓人一輩子也摸不透的臉部表情，浮浮沈沈。對於什麼是大海？她在小學畢業旅行，去墾丁公園和鵝鑾鼻燈塔，看見了大海時，她才忽然想到媽媽的臉。那時候，淚流滿臉，拿竹條打著她時的印象，這個印象太複雜了，她一生都在咀嚼它。

接著說媽媽的故事後，她再說跟我老大的事。我真的搞不清楚，這到底有什麼關係？她就是這樣說的，「有幾次杜沙要離開時，那瞬間我就大哭，真的，哭得很傷心。」杜沙走過後，我想想自己應該只是作假給男友看，但是如果是這樣，為什麼當時真的哭得很傷心？當時哭著哭著，「我竟然覺得自己是整個身體滑進大海裡，後來杜沙再脫光她的衣服，抱著她上床……」這中間的戲碼就跳過去了，最後裴娜說，她們兩人身上的汗水，就像兩人泡在海水裡，她就想起母親臉卜那片海洋，然後她就浮現要做自己的念頭，這是她要寫進書裡的內容，我不是完全了解。

原諒我，我不是很會說故事的人。我起初是要寫裴娜的肚子被誰搞大了，偵探小說那般要讓大家滿懷好奇的心情，聽我一步一步撲朔迷離的手法，談論裴娜的肚子，看來我的手法可能失敗了，因為我並沒有寫得像偵探小說那般吸引人，只因為我說的這些事並不是小說，不是假的，而是千真萬確的事，雖然真的故事也可以說得很動人啊。

是啊，我那三個多月的日子裡，至今想來仍是沈重心

情的日子。偏偏寫到目前，只感受到那種難以形容的沈重感，其實，只要想到裴娜說過的，當年她是如何被拳打腳踢地滾出家門的情景，我先前寫的任何文字都只是遮羞布，我不必要替裴娜的家人和前男友們遮掩任何事，但是我畢竟還是人啊，雖然我是我老大的跟班，我老大的專業是幫人討債，而這不是被當作高尚的工作。

我和我老大的女人裴娜相處三個月，我覺得我寫完這些後有一種暢快感，對我來說，這樣子就夠，如果還有讓人不夠滿意的地方，那是我是我老大的手下，我再隔幾天就要跟我老大出差，去催討別人的債務，我會邊做邊想，是否還有什麼書寫故事的技術需要學習。

最後，我聲明，我已經想到處理裴娜的肚子被搞大的解決方案了。我會向我老大提出基因檢查的想法，我有絕對的信心，那跟我無關。再來就是我老大要自己傷腦筋了，我就不必再多操心了，你們也不必替我操心，我不會有事的。

至於我說故事的能力，就容許我再慢慢磨練了。讓我們先跳開裴娜的肚子大起來的事吧，我已經不敢再想下去，我只能說希望她能順利生產，而不是滾出這棟房子，原本她以爲這裡可以穩定下來，甚至想要寫書的地方。

原諒我，我只能先閉起眼睛休息一下。

愛情第二：是誰搬走了瑪麗的家

當年瑪麗「出社會」是在傍晚時分，她的左腰被家人踢了一腳，她跌坐地上，卻忘記了疼痛馬上就站起身來，走出家門，像個女王的走路姿態，沒有再回頭看過家門，雖然至今左腰部還隱隱作痛。那一天是她十三歲生日，八月十六日。

瑪麗是誰？心又是什麼意思？誰能知道瑪麗的心是什麼？然後又把瑪麗的心殺了嗎？這絕對不是簡單的事。

她是我老大的女人之一。我老大叫做「杜沙」，他只在意經營自己的形象，一定是要讓人聽到他的名字「杜沙」時，對方就會開始發抖害怕。我在我老大的另位女人裴娜的故事裡，提過我老大要我監督裴娜要寫書的事，她要寫給其他女人看的書裡，絕不能寫出我老大是多麼良善的一面，和床上功夫多麼厲害的事。我還曾經因此被我老大派去和裴娜一起住了三個多月，監測裴娜寫書的內容，絕對不能出現把我老大良善化的字眼。我老大喜歡別人把他當作，不是善類，用台語的說法是，他享受被當作匪類。

裴娜把愛情擺在第一順位，瑪麗卻是把愛情擺在第二順位的女人，就算她當著我老大的面前，她也是這麼說，「在老大面前，我要直白的說，我和老大的愛情，在我心目中只是第二順位。」不過，我老大對待他的女人，他是不計較她們會有自己的主見，因為她們也都會想要做自己啊。我老大說，他可是想得很清楚，他不會讓他的女人認為他在妨礙她們做自己。

瑪麗心中的第一順位是什麼？是那個男人嗎？並不

是，她的人生目標第一順位是要寫出心中的想法，作為老大女人的心聲。我老大相信瑪麗，她不會寫出他的良善和床上功夫的厲害。瑪麗說她要寫的是，茫然，茫茫然的茫然。她覺得她只是茫然，而不是茫茫然，到底茫然和茫茫然有什麼差別呢？瑪麗的回答更神秘，讓我老大和我更顯得茫然。她說這個問題就是她在書裡要寫的內容，如果一本表達不夠清楚，那就再寫第二本第三本。

這是一個謎，不知道為什麼，我老大最喜歡的三位女人都是喜歡寫東西，寫做老大的女人方面的書。由於三位女人的個性不同，寫書的目的也不同。裴娜是要讓其他女人能夠從她的書裡學到應付男人的方法，瑪麗的目的是要女人如何在男人面前掩蓋自己，但是又能做自己，雖然她並不特別想要強調做自己這件事，不過我還是沒有全然搞懂，她們的說詞裡跟實際做法之間有多少落差？

我和瑪麗的接觸比較多，也比較親密，因為她不像裴娜那樣，嚇得我只想要和裴娜保持一個距離，尤其是身體方面的接觸，但是我老大的女人裡，最先提出來要寫書的是瑪麗。

我老大對我這麼說，當她在小學六年級時，有一天下課後，她突然有疑問為什麼要拼考試呢？她在下課後，就到錄影帶出租店想要找些什麼，她在影帶架旁逛了好幾回，不知道要選那一片？因為以前只顧著上課，她很喜歡上學，根本不知道錄影帶的世界是什麼？

由於要趕緊再回教室自習，她匆匆拿了一捲錄影帶，

那是Beta的小帶子。因為有一位長得很順眼的年輕男子，抽出那個帶子，看了一會兒後，又放回去，她覺得那男子的表情很神秘，好像這部電影裡有什麼東西讓他這樣回應。她在男子離開後，就過去拿了這捲錄影帶，在櫃台結了租金後，她就匆忙走回教室，直到晚自習後在回家的公路局車上，她拿出書包裡的這捲錄影帶，她才知片名是《巴黎最後探戈》，是這部影片讓她首次浮現她要好好寫些東西的念頭，因為這部電影實在太難了解，尤其是那位年輕女孩。

瑪麗對我的說詞則是，她每天看著媽媽跟著不同的男人，來來去去，她不了解媽媽到底在做什麼？有時候，週末，男人在她房間裡待了一兩個小時，她曾問和男人在做什麼，媽媽都說是一起看錄影帶。有一天，回到家，媽媽不在家，她看見客廳電視旁有一捲錄影帶《巴黎最後探戈》。

她原本要先寫功課，卻被錄影帶封面上的裸男裸女吸引住了。那天，媽媽不知何故，沒有回家，整個晚上只留下她一人。她只好重複看這部電影，直到在沙發上睡著了。她只覺得自己想要找個男人，然後離開這個家。隔天，下課後，她去錄影帶店找到這部電影，從此這是她這輩子唯一想看的電影。她已經重複看了不知道多少次了，從小帶子Beta、大帶子VHS到目前的DVD，她已經更換過許多次了。她說這故事後，那天是我第一次和瑪麗上床。

我老大的工作是幫人討錢，但是他絕對不使用傷害對

方的方式，他覺得那樣做是侮辱了他做這行的專業度了，我沒法全盤了解我老大的做法和背後用意。他說自己的做法只有一個原則，就是讓對方恐懼害怕，但是不能有真正的血腥。只要有了血腥，就降低了他討錢的成就感，我老大是這樣說，「反正，我的錢已經這麼多了，我一定要把討錢這件事，當成藝術來做！」

有一次，我老大在事後責罵一位隨行兄弟，這位兄弟用油漆潑灑欠債人的大門，弄得太血腥了，我老大罵兄弟說，「只有血腥的潑油漆，只是便宜的恐懼。」我老大強調，一定要做得很有藝術。不過，我老大不會只是罵人、踢人或打人，他還會在行動告一個段落後，再找些藝術的書來閱讀，做這些深度的探索，對他兄弟來說就是最大的處罰。有些書太深奧了，我不懂也無法描述，就談談一些我懂一半的說法。

我老大能夠在討債的專業裡霸佔一方，並不是隨便得到的，我老大很用心規劃每一次的行動。他堅持做得愈有藝術，會愈讓對方有恐懼的效果，而且這種害怕不會讓對方只想躲起來避不見面，我老大的心戰是要讓對方害怕，但是不會一心一意只想逃避，要這樣子才能討回應該討的錢。

在發展事業的最早期時，我老大是信奉早年康定斯基，強調純色的心理效果，當我要開始談這些時，卻發現我不自主地心虛起來，我是要談論根本還不夠了解的想法，我就盡量搬出我老大的一些說法，希望不要因為我轉

述得不夠恰當，而減損了他的厲害。康定斯基強調，鮮紅色如何像號角聲一樣，讓人們感到心動，這是我老大一度使用紅色油漆，作為噴灑在欠債者家門口的方式。他都將出任務當作是一次行動藝術活動，強調臨場活潑的創造過程和它所產生的心理效應。

起初，我老大會先派人到現場照相，先請模工做出相同尺寸的模具，需要進行事先的演練，因為臨場可能有警察會出現的壓力。但是出了幾次任務後，發現警察不曾出現過，我老大覺得事先演練就減少了臨場創作的快感了。我老大深深相信，透過這些觀念進行的創作，也是心靈與心靈之間進行一場交流。關於我老大的心靈交流說，我是經過了好幾年才了解一點點，我老大認為他的討債是要錢，不是要人命，而且我老大堅持，一定要做到讓對方是心悅誠服地還出錢。

瑪麗曾對我說過，當初她會愛上我老大，就是因為這些討債的方式，深深打動著她。那時候她還沒有浮現要寫書來描述她和我老大的關係的念頭，是在她確定自己對於我老大的愛情，只佔著她的人生第二順位，她才找到自己真正的定位。她說那是有一次，她自己去看《巴黎最後探戈》時，她一直流眼淚，那是被深深感動的流眼淚，尤其是巴黎女子珍和落魄流浪的美國中年男子保羅，他們之間身體的交流。當保羅逐漸出現要佔有珍時，珍只好拒絕保羅，這是愛情的悲劇開始，或者是愛情註定的路呢？瑪麗說她一直困惑著這個問題？那是她在戲院裡就出現的問

題，首先讓她很不安，但也讓她很興奮。

那場電影後，她就讓我老大知道，她其實一直沒有改變，只是突然知道如何說出一直存在的感受和想法，那就是以愛情來說，我老大只是第二順位，當時我也在場，我替她嚇出一身冷汗，不了解她爲什麼這麼說，難道不怕我老大處罰她嗎？沒想到我老大竟然只是這麼說：「你在我心中，永遠是第一順位！」

關於這說詞是騙不了我，我知道我老大心目中的第一順位是裴娜，但是我什麼都不能說，何況對我來說，我根本不在意這些順位的問題。

瑪麗只是笑笑並沒有接話，我老大也是一副算了，不是那麼在意瑪麗的說法。我還在納悶的時候，我老大和瑪麗就一起走進主臥室，房門並沒有關起來，就讓我在客廳聽他們在床上的嬉笑聲。我只好拿起手機，和朋友在line上談論前一天的新聞事件裡，製造劣油的大公司眞的很令人生氣。反正我的朋友很幹這種只是靠著黑心來賺錢的大公司，我只是好奇，如果我老大那一天接到工作，要向這種黑心大公司討債時，我老大會運用什麼手法呢？不過這是超過我能想像的事，我相信我老大一定有很獨特且又藝術的方式，讓對方愉快地拿出錢來。

至於我和瑪麗的關係，很淡麗平常，她平時幾乎沈浸在自己的寫書世界裡，我老大曾說，「瑪麗是我從酒店裡撿回來的女人。」我老大這麼說時的口氣，不是輕視，而是自傲自己的眼光。瑪麗對我說，她會跟著我老大的緣由

是，在酒店裡，我老大點了三位女人後，叫她坐在他旁邊，但是直到帶出場前，我老大只問她一句話，「為什麼你的妝抹得這麼厚重？」瑪麗說，她回答因為沒有臉見人啊。那天後來，我老大就沒有跟她談過話，也沒有碰過她的身體，但在最後卻只點名帶她出場去吃宵夜。

瑪麗透露她的書一定會寫下這一段，因為那是她生命裡最有玄機，讓她難以理解的時刻。那天宵夜後，我老大再邀她一起去汽車旅館過夜，她只要求我老大一定不能要求她，將她臉上的妝洗掉。我老大同意了。因此她就跟著我老大，至今有五年了。我老大從來不曾見過她卸妝後的真正臉孔，我也不曾見過。

不過說來也奇怪，對於瑪麗不願以真正面孔面對我們，只留給自己一人在鏡子前觀看，我並沒有強烈的渴望，一定要窺見到她卸妝後的臉孔。反正就是覺得她和她的濃妝很搭，不必想要再看濃妝底下其實並不真實的臉孔吧。天啊，我怎麼會想到這些真實或不真實的說法呢？我這麼說會不會顯露自己的無知？好像我只是在硬要嘴皮而已，不過我發誓我真的是這麼覺得，瑪麗有化妝的臉孔是比較真實的，跟她相處起來就是這種感覺。這不是什麼高深的理論，就是相處時的感覺，這樣的濃妝就是符合她，雖然她的臉型很漂亮，絕對不輸給我老大的另位女人裴娜。裴娜是從不化妝，我曾一度想到如果瑪麗不再化妝，她一定是一位很可怕的女人，應該說，她就會是一位女老大，很狠的女老大。

　　嗯，我想起這次印象的來源了。有一次，瑪麗來公司找我老大，那時我老大正和弟兄們在討論，如何演進討債的藝術？我老大用Power Point做簡報時，提到藝術家羅欽科這位老兄的理論是，「繪畫早就死掉很久了，要做藝術家就應該同時擁有畫家、設計家和工程師的三種功夫」。

　　沒想到瑪麗竟插嘴說，那是俄國構成主義者的態度，他們高舉反藝術的旗幟，因此避開傳統藝術材料，例如：油畫顏料、畫布等等，甚至在革命前出現過的圖像也在他們避開的範圍。他們的藝術品可能來自一些現成的物品，例如：紙張木材、金屬或照片等等。瑪麗說到這些，當場的人大都聽得懂，因此大家都沈默，等她再多說一些。

　　瑪麗沈默了一會兒，就在她沈默時，我覺得自己看見了她的真面目裡，帶有殺氣的女老大的味道。瑪麗接著說了藝術家的文化活動，包括從平面設計到電影和劇場，透過結合不同系統裡被簡化或抽象化的元素，拼湊出來另一種全新的現實。她最後一句說，「這才是創作，也才是真藝術家。」

　　這就是我覺得她的濃妝，是一種全新真實和現實的意思吧。有時候我會想，還好藝術家是很自由的，是不必經過國家考試認證的身份，不然對期待作品被收藏在私人家中或美術館的藝術家來說，我老大的作風可能太異數了，而難以被接受吧？雖然所謂藝術家，應是無時無刻想要創造出和別人不同的作品。

　　我不曾想過要佔有我老大的女人，但是，和瑪麗在床

上，我都能獲得很愉快的反應，我不能說她有特別的床上技術，但就是有很愉快的感受。也許是我覺得，反正看著我的那張臉，只是一些脂粉，不是真正的皮膚，真正的一張臉。她不允許我碰觸到她的嘴巴以外的臉部，這麼多年來，我都不曾看過她沒有化妝的臉孔，我相信她也不曾讓我老大看過她沒有化妝的臉。

我曾好好想過，但就是想不起來，她是否真的曾經說過，看過她盧山真面目的人，最後都落得不得好死的地步。她不想再傷害任何人了，這種說法好像民間傳說吧，我不知道為什麼她對於真正的臉，需要用這麼強的詛咒，來讓它不見天日。好像她的臉曾經得罪的不是別人，而是得罪她自己，然後她不要她的臉重見天日，硬要把自己的臉囚禁在脂粉底下，永遠不得超生。

我記得剛認識她不久，有次在酒後，我曾問她整天都上妝嗎？她用很嚴肅卻帶著酒意的口氣說，「我的臉只給自己看，還有給另一張相片看。」當時我雖然也有七八分酒意了，我應有清楚聽到她隨口說出的，「給另一張相片看」這句話，但是當我顯得不解的表情想再追問時，她就不理會我的問題了。坦白說我不曾有過動機，想要窺探她的臉下世界，我只是納悶，是否有什麼遭遇讓她做出這種決定，難道跟那張相片裡的人有關嗎？

有一次，因為裴娜的緣故，讓我懷疑自己是否下體已無法再硬舉了，那時是我老大要求我就近監看裴娜寫書的內容。但是裴娜突然摸我下體，我不知何故竟嚇得軟趴趴

的，整天都那樣子，因此我在半夜趁裴娜熟睡後，我去找瑪麗，當我進去瑪麗的房間時，她正坐在書桌前寫東西。

　　跟裴娜一樣，瑪麗也是在寫書。瑪麗堅持以手寫方式，在綠色小格子的稿紙上書寫。我知道她在寫文章時，是不會招呼我的，我雖然心中有些急，想要證明自己的下體還能再硬起來。我靜靜坐在房間裡，另一張小沙發上，關於瑪麗為什麼要寫書，這是另一段故事了，不過，很有行頭的是，她的化妝鏡前的桌子上，有至少二十幾支不同品牌的鋼筆，據說都是有名有姓的品牌，來自日本、義大利和德國，她堅持每支筆只專用一種品牌藍色系的墨水。我老大的另位女人裴娜，則是整天都是素顏在看書，或坐在筆記電腦前打字。

　　那天，我並沒有先打電話給瑪麗，說我要去她那裡。我知道她的生活習慣，我也知道我老大那天是去裴娜和瑪麗外的另一位女人那裡過夜。當我到達瑪麗的房子，拿鑰匙打開她的房門時，她大概從我開門的方式知道是我來了，她仍坐在化妝台前，拿著鋼筆很認真地寫著她的書，只微微轉頭對我說，「等我十分鐘，我一定要先寫完這段落。」我知道如果打岔，只是讓她不愉快。不過，就算是我要她招呼，也是不可能的事，她一定會寫到告一個段落了，才會起身來招呼我。

　　其實，我平時會來找瑪麗，通常不會是來找她談心。我不會跟我老大的女人談心，不必要，也沒有想要，她們是我老大的女人。但那天我找瑪麗，就是為了上床。我不

知道我老大是不是知道，我和他的女人上床的事，不過我老大平時也不曾對我有過這些戒心，或者任何威脅，要我不能做什麼事。在瑪麗招呼我前，我只好坐在床沿，看著化妝鏡裡她趴著寫字的姿勢。她寫得相當認真，是一般所形容的「出神」吧，或者並不是出神，而是有個神附在她身上，讓她專心書寫時的氛圍就像是位神明。就是這種感覺，讓我安靜地坐在一旁，等候她完成某段書寫。

我坐的位置，正好可以看見她，化著濃妝，低頭認真書寫時側面的臉，讓人根本無法看清楚她是怎樣的人，雖然她和裴娜談到，為什麼要寫書時，她們都說，就是很自然的想寫。不過這就是我最難了解的地方，只是我並不會也沒有必要去質疑她們，何況她寫得這麼認真，雖然我也很懷疑，她們投注心力在寫書上，真的就能解除她的人生所遭遇的問題嗎？

唉，更困難解釋的，其實不是瑪麗為什麼寫書談論她和我老大的關係，而是我看著她認真的臉時，我可以看見在脂粉底下的皮膚和肌肉，如何藉由她每一筆的動作而開展了微笑。我的下體竟然就不由自主地硬了起來，這一點如何解釋呢？難道我需要寫一本書，來說明自己有這些奇怪莫名的反應嗎？其實我根本不了解她，也不了解我自己，我對著鏡子，看著她在鏡像裡的側臉，我已經自己開始性的探索，我在我的下體摸索，好像我真的是在瑪麗的臉孔裡尋找什麼？

瑪麗專心地寫著，應該沒有看見我在做什麼。當她寫

了告個段落時，她放好鋼筆後，突然快速動作地起身，在我來不及回應前，她就已經撲到我身上來了。但是在我脫掉她的內褲後，她卻突然冷卻下來，我知道她要做什麼，每次我和瑪麗做這件事前，她堅持一定要聽一段電影《巴黎最後探戈》的舞曲。因為瑪麗的緣故，我已經看過這部電影至少有十次以上了，對於我這種平時很少看電影的人來說，十幾次已佔據不少我看電影的比例了。

瑪麗的豪華音響裡，隨時放著這部電影配樂的 CD，只要拿起遙控器，輕輕一按，這部電影的配樂馬上就會出現。對瑪麗來說，這是她的性前戲的一部分，我知道她的堅持，在她覺得聽得足夠感受前，我無法強迫她提早跟我上床，因為她聽歌時是一個人靜靜地坐在床沿，那是她的性前戲。

從她的表情看來，卻是略帶悲傷的。對瑪麗來說，那是傷感的心情，雖然這種傷感是她累積性愉悅的前戲。我不知道我的說法對不對，但是從外表看來的確是這樣子。當瑪麗從孤獨般的傷感走出來時，她開始擁抱我，拉著我起身，我記得她曾說過，這段擁抱隨著探戈舞曲搖動身體，才是她最能做自己的時候。當躺在床上，她就不再做自己了，她也不願在這時候做自己，她覺得要被玩才是她最想要的。我不是很了解她的說法，對她是什麼意義？不過她是做得很一致就是了。

我和瑪麗辦完事後，我原本起身要回到裴娜那裡，因為那陣子我老大要我隨時在裴娜旁邊，看裴娜所寫的書，

是否太過於將我老大神格化了？如果有，一定要刪除。那天，瑪麗卻拉著我，不讓我走，她談剛剛寫的一段故事。當年有一次，她到已被拆除的台北中華商場逛街時，在天橋上，突然有人走過來接近她，然後用很曖昧的口氣問她，一次多少錢？

她嚇得趕緊離開那裡。後來，她就不曾再去過中華商場。回到住的地方後，她坐在鏡子前有好幾個小時吧，她看著自己的臉，好像要從重複觀看裡找出到底是什麼地方，讓她被別人一眼就看出她做的工作？她不曾想過要更換自己的工作，但是她不想在外頭逛街時，被別人看出她做的工作是什麼？

她說了這些沒頭沒尾，我不了解她告訴我這段故事要做什麼？是要提醒我嗎？或者要解釋她為什麼不讓任何人看見，她沒有化妝的臉孔嗎？不過我沒有多問這些。

她幾乎不跟任何人談論她寫書的內容，我不知道為什麼，我老大對瑪麗的書寫是比較放心，並沒有要求瑪麗像裴娜寫的書那樣，要將她所寫的內容先讓我看過，一定要先排除把我老大寫得太好的文字。我老大覺得，這些寫法太不真實了，他沒有想到自己會多麼好，只不過認真做著幫人討回錢的工作罷了。我已經說過幾次了吧，我老大不願看見內容描述他的性能力有多麼強，我曾在寫裴娜的故事裡提過，我老大覺得那樣的內容不會讓他的客戶害怕他，反而會增加討債工作的困難度。

當時裴娜是這麼寫的，雖然後來被我要求而刪除了；裴

娜描述她和我老大上床時，當我老大的精液射出的瞬間，就像千軍萬馬撞擊她的子宮頸，闖進她的子宮後，再度闖進她的心扉裡，讓她的心酥軟了整個晚上，難以入眠，因此她再起床，打開電腦，書寫未完的段落。這樣子的描述，完全違反了我老大的工作要求，是要對方只要聽到他的名號「杜沙」，就嚇得準備自己還出錢來的氣氛。因此床上功夫很厲害，被別人歡迎，並不是我老大的希望。我老大要的是別人害怕他，讓他可以有很大的空間，展現很藝術的方式，討到對方該還的錢，這才是最高藝術境界。

我起身要走了，因為那天我已經和瑪麗上床，確定我的下體不是硬不起來。只是我對裴娜帶有某種複雜的緣由，才會無法甚至沒想要和裴娜上床，雖然在姿色和體態上，裴娜絕對是遠遠勝過我老大的其他女人們。我正要打開門時，瑪麗喊我名字，那語調是要我等一下，她有話要說。

瑪麗說，「其實，當年離家，是因為媽媽帶回來的男人，在媽媽洗澡時，那男人強拉她到房間裡，在那男人辦完事後，她就立刻拿著一個背包，裝進兩三件衣服，離家了。」這跟傳說中，她在生日那天，被踢打而走出家門，是有些不同的說法。那時候，媽媽還在浴室裡洗澡，她知道媽媽洗澡都要半小時以上，因為媽媽覺得，她的左大腿內側有一片皮膚，總是讓她覺得很髒，需要重複洗十次以上。她離家後，就不曾再見過媽媽了。那一天，她會去中華商場，是因為接到村子裡友人的來信，告訴她媽媽死了，要在這一天出殯。

　　瑪麗原本是要去那裡的平交道撞火車，只是到了那裡後，她就被天橋上人來人往吸引住了，那裡是有生命力的地方。直到她遇見那位陌生男子，問她關於一次要多少錢的事情，讓她匆匆離開那裡。回來後，她覺得自己已經再死過一次了。她覺得自己每死過一次，就離自己愈遠一些，好像有一個自己，一步一步地遠離自己的身體。當年，離開家後，她就不曾再有家的感覺，唯一有家感覺的地方，是自己的身體。因此她在床上和男人在一起時，她的身體不做自己，那是一個家，歡迎有人來臨的家。

　　後來，我們在床上再做了一次。我才趁她睡著時離開她住的地方。她說這段故事後，我才知在床上，我是回到她的家，但是下床後，這個有臥室客廳的地方，對她來說並不是家。

　　已經跟瑪麗相處一段時間了，我反而愈來愈不清楚，她說的故事到底是小說或是她真正的經歷？不知道是她難以忍受，而說得如此曖昧，讓我弄不清楚，或者她需要讓我混淆，然後在我下次進入她的身體時，我才會依然對她充滿了好奇？

　　她說的離家的故事，是我首次聽她親口說，聽起來是很屈辱和悲傷的經驗，她的表情在濃妝底下，但是她的口語裡卻充滿了自責，好像她當初離家是件不應該的事。

　　這是瑪麗最困難的地方，她自己的故事已經無法說得，讓別人或自己完全相信了，也許這是人讓自己最孤獨的原因。

我開車回到裴娜家的途中，已經是一天的初白出現。我看著車內的後視鏡時，卻感到好像是透過瑪麗的化妝台上的鏡子，看著她在午夜依然濃妝的臉。這麼多年了，我不曾見過她沒有化妝的臉，濃妝下的臉大概是最真實的現實吧？雖然我曾一度疑問，那張相片裡的人，是當年媽媽帶回家，並偷偷強拉她到房間裡，強行進入她身體的男人嗎？

這一切都不關我的事，只有《巴黎最後探戈》的配樂，反覆出現在我的腦海裡。

愛情第三：教父瑪麗和夢的糾纏

當年教父瑪麗「出社會」時是在午夜，脖子左後方，被家人用破碗丟到，留下一道仍有色素沈澱的疤痕。後來花了不少錢去漂白那個疤痕，至今雖然色素已經稀薄，難以看出來了，但偶爾在夜半時，脖子後方還隱隱作痛。那一天，是她十三歲生日，十月二十六日。

她說，「我早就死過了，死，一點也不可怕。」

我不了解怎麼會有女人這樣子說話，而且是跟著我老大一起的女人，怎麼從死亡開始談起她自己？還好我老大是位不拘小節的人。

她甚至還說過，「每次性高潮後，都是死亡，只是這些死亡，卻始終來不及再活過來。」這句話就有些深奧

了，我不是完全了解，但她說得很認真自然，好像那就是她生命的一部分。

她叫做「教父瑪麗」，是我老大的女人之一。我曾說過我老大的女人「瑪麗」，把自己身體當做家的故事。我現在要說的這位女人，也叫做瑪麗，爲了和另一位先前所說的瑪麗做區分，我叫這位是「教父的瑪麗」，爲了更順口就把她名字再度簡化爲「教父瑪麗」。

這個名字是有它的特別意義，這個「教父」不是指我老大，我老大不會說自己是教父，因爲我老大不信邪也不信教，他只要大家叫一聲「老大」就夠用了。他說，「這樣就夠了，不必再增加一大堆有的沒的頭銜，那只是增加人生在世的累贅。」有這種老大可以跟隨，實在是慶幸，也是一生的幸福。我老大當然看過來自西西里島成爲幫派教父的電影，但是我老大決定要走不同的路。

教父瑪麗跟我老大的另位女人裴娜，以及另位同名的瑪麗，三個人是我老大的女人中，有在寫書的。不要問我爲什麼，我老大的女人裡竟有這些人要寫書出版？雖然我不想用只是湊巧這種便宜的話，可能反正我們都是異類吧？所以異類之間，反而看不清楚爲什麼會是異類了。如果要說是不是異類的話，我能說的是，每次在某些畫面裡，我很想說些很有道理的話語，不過卻總是被一陣風中傳來的嘲笑聲給吹走了。我如果說，「我追著那陣嘲笑聲，要它們收回它們的嘲笑。」這是詩意嗎？或者就馬上流露了我工作的本質，連風中的嘲笑，我都不放過。不過

這的確是一種困擾，我真的好想替教父瑪麗說些很有深意的人生哲理。

如果我只能重複說，教父瑪麗是一位很奇特又有點怪異的女人，這一定無聊極了，不過我也必須說，除了我和她在床上的愉快行為，其它時候，我看見她坐在梳妝台前寫東西的模樣，我必須說，教父瑪麗是一位很無趣的女人。有人說，讀書的女人很性感，但是對教父瑪麗來說，我一點也不這麼覺得。

我反而覺得在教父瑪麗書寫時，她的周遭圍繞著一股氣氛，很沈重的氣氛，將她罩在裡頭而寸步難行，只能一直寫才有出路。不知道我這麼形容是否顯得太詩意了，反而無法呈現，當我坐在床沿，看著她在書寫時，她的背部隨著呼吸而起伏，更像是在抗拒什麼壓迫，而不是做愛時那種既興奮又難過的呼吸。這是無法假裝的愉悅，任何的假裝，都會讓呼吸變得很淺薄無趣。教父瑪麗在寫東西時和在床上時，的確是兩個完全不同的女人模樣。

教父瑪麗正在寫一本關於自己的夢的書。我有次曾說，「你怎麼會對那位老頭佛洛伊德的理論有興趣？」教父瑪麗馬上回嘴說，哪個人不曾年輕過，她反駁我的，是關於年紀而不是什麼理論。她很少主動提到她的過去，她只要活在未來裡，不過又不是那種，嘴巴一直說要忘記過去，看向未來這種濫調子的人。

我習慣不去問教父瑪麗的過去，只因為這一行裡的女人，都有不堪回首的往事嗎？這根本不是什麼值得稀奇的

事，但是教父瑪麗的反應方式，讓我見識了女人處理這些往事的不同方式。雖然我可以感受得到，就算她趴在梳妝台前寫故事，那故事所呈現的壓力也散發在她的背部上。但是我對於她覺得一直寫，就能將那些往事釋放的說法，我是深深懷疑的。

我甚至懷疑，教父瑪麗真的想要忘掉她的過去？雖然我所知有限，我這麼說可能過於武斷，但是從她堅毅的模樣，我就覺得她活下去的目的，不是要從她的往事裡解放出來，而是要讓她自己更堅強地留在往事裡。雖然我這麼說一定有人會反對，說哪有人會花力氣，讓自己更有力氣，目的卻只是為了能再留在往事的不堪裡？

我沒有什麼理論來替自己說明這種直覺，因為我從背後看她在書寫時，肩膀和背部的起伏，我只覺得是在磨練，在這種磨練下所產生的文字，大概都是經歷了各種折磨吧？被折磨出來的文字，會不會每個字的背後都掛滿了設備，像我當兵時在海軍陸戰隊裡的折磨，不是為了要省事，而是要結實地作戰。

談教父瑪麗，一定要從電影《教父》第三集的結尾談起，那是令人悲傷的一幕，她是真的跟電影教父有一些關聯，教父的女兒被槍殺的那一幕，讓第二代教父麥可在壓抑後大哭，但是大哭後並沒有讓教父更堅強反而是變老了。是啊，好像一下子就變老了，有些人的工作是不適合大哭的。電影故事裡死掉的女人就叫做瑪麗。

她說她是那位教父女兒瑪麗的投胎轉世。

乍聽會覺得教父瑪麗是不是精神狀態有問題，不然怎麼會選那個角色呢？何況那只是電影裡的故事，怎麼會這麼相信，難道真的是發瘋了嗎？不過只要跟教父瑪麗接觸過，就會發現她不但不瘋，甚至很佩服她的勇氣和膽識。其實，光是她作為我老大的女人，只要跟著吃吃喝喝，就可以過著比我還要舒服的日子，雖然有沒有幸福，那就是見仁見智的問題了，誰也無法強迫誰要覺得自己是幸福的，不過很少聽到教父瑪麗在抱怨什麼事。

電影裡的故事是這樣子：第二代教父麥可的兒子，不願承繼家業卻喜歡歌劇，就在麥可帶家人欣賞兒子的歌劇時，在劇場門口發生了暗殺事件，麥可的女兒瑪麗為了護衛父親而中彈死了；至少我眼前的教父瑪麗是這麼相信，電影裡的女兒瑪麗是為了護衛父親麥可而被槍手誤殺了。

自從認識教父瑪麗後，我已經陪著教父瑪麗看《教父》一至三集，不知道多少次了。每次連續看完後已經相當疲累了，但是瑪麗就要我跟她上床，上床就上床，這種事不必大驚小怪吧，但是教父瑪麗倒是有些特別，她特別從麥可女兒瑪麗在劇場前，中彈死亡的那幕戲前後約錄下了四分鐘段落，然後再重複將這四分鐘剪接內容，重複再重複了三十次，製作了一部二小時的帶子燒進光碟裡。在我們連續看完三集後，接下來，在我和她上床時，就播放這個重新燒錄的內容。

一開始時，我一定要在麥可的女兒瑪麗被槍殺後，慢慢倒地的過程，在瑪麗倒下地前抱住教父瑪麗，說是為了

證明麥可的女兒瑪麗還活著，而且她要延續瑪麗的生命。電影中的瑪麗是深受教父麥可喜愛的女兒，我曾想過是否教父瑪麗渴望有父愛，才會對電影中瑪麗的死亡有這麼深刻的感受，不過這種說法是太簡單了，這是我從教父瑪麗身上感受到的複雜性格。

教父瑪麗曾說，她在十八歲生日的那天開始當酒女。先是在某個鄉下地方，以「冰果室」為名的場所，表面賣冰的冰果室後頭有小房間或大房間，喝酒猜拳，然後身體遊戲。後來因我老大有次受邀去那裡出差，有人想在鄉下成立討債公司，請我老大去技術支援，教他們如何做出技巧漂亮的催債動作。我老大最樂見有人願意學習他的方式來討債，我老大最看不起只靠著肌肉和槍械，來展現實力的討債公司。我已經說過無數次了，我深深被感動，對於我老大在幫人討債時的藝術手法。

就是那一次，我老大剛好在那間小小的冰果室喝酒後，和教父瑪麗做了身體交易。我老大見她很伶俐精明，卻又很質樸，那種質樸不是裝得出來的，我老大就問她，「願不願意以後就跟著我，做我的女人？」就這樣，教父瑪麗跟著我老大北上，起初嫌我老大太忙了，因此她仍堅持要去酒店上班，只有我老人通知她，會來找她時，她在那天才會留在家裡等我老大來。

教父瑪麗也是想要寫書的人，只是她的想法跟我老大的另位女人裴娜有些不同，教父瑪麗想寫書的緣由之一是，她跟我老大來北部前，坐著我老大的車先回到老家一

趨，要拿些東西。坐上車子後，她透過車窗看見父親罕見的眼淚，但是父親卻沒有說任何話。他原本就是這樣子，很少話，她不知道自己希望父親對她說什麼話？她覺得父親有流淚，並不是看見父親的淚水從眼眶流下，而是透過車窗看見父親轉頭背向我老大的車子，並用手快速地擦拭淚水的動作。

　　當天來到北部，我老大送她到一間老公寓裡，和她在沒有傢俱的地磚地板上做了愛後，我老大就離開了。我老大電話吩咐我，到她那裡幫她將傢俱弄齊。我就這樣子認識教父瑪麗。初見面，我問她名字，她說：「春菊」。我原想問她菊花不是秋天的花嗎？但是這問題很快就被我和她的身體接觸給掩蓋過去了，起初她堅持跨坐在我的身體上，我只是春天來時，被動的配種動物。她身體的蠕動是風中的落葉，捲起再捲落，直到她疲累地趴在我身上，就好像《教父》影片裡被槍殺的瑪麗，慢慢地垂死下來。她開始哭泣，我不知道我能說什麼，我甚至是什時候射精都忘了，真是一場奇怪無比的身體交纏。

　　直到她停止低聲啜泣後，她才起身，好像我根本不曾存在，她轉身往浴室走。我起身穿好衣服，開始做我老大要求我做的任務，幫教父瑪麗的房間打點所有她要的傢俱和居家設備。我打電話訂了大床和棉被，奇怪的是，訂床時我想的並不是教父瑪麗和我老大的需要，而是剛剛的經驗，我決定要訂最大的床舖，床的彈性要稍微有硬度。這樣比較適合我剛剛和她交纏的經驗，不過這只是很主觀隨

意訂的床，我並不眞的知道這是不是最適合的床？

我告訴教父瑪麗，會慢慢幫忙她設置其它的居家設備。因爲我老大有交待，只要她喜歡的東西，就算再貴的傢伙，要我一切都不必手軟。這是我老大對他的其他女人的相同模式，出手不手軟，就像他在討債時的手法，很有藝術美感。教父瑪麗卻說，只要有地方睡就好了，好像是不是有浮華的傢俱不是重要的事。起初我是半信半疑，後來我是相信了，因爲她除了陪伴我老大外，其它時間都是安靜坐在桌前，她說一定要完成她的夢想。

教父瑪麗的夢想是，寫出她後來重複想的夢，那是她北上後，第一天晚上所做的夢。

她站在濁水溪的南岸，看著對岸的岸邊，有位農人戴著斗笠，在整修被河水沖走的河岸，那是河岸大轉彎的地方，那位農人用扁擔擔著兩籃子的泥土倒進河岸，但是馬上就被河水沖走了。她想要大聲向對岸說，不要倒土了，那是沒有用的。對岸的農人根本聽不見她的話。

其實是很明顯的夢，不是嗎？都已經是這麼清楚的夢了，還要爲這夢寫書實在太不可思議，眞是奇怪的女人。她甚至說，「可能一本書寫不完。」我沒有多說什麼話，是不了解吧？她到底如何知道要寫多少本書呢？難道是心中累積太多話了，只是想要出清那些久藏的話，而跟這個夢沒什麼關係吧？

我如果沒記錯，她大概是這麼說，「我原意是要描述夢見的一個景象。」雖然我覺得更像是她眞實的經驗，

「我要寫住在濁水溪旁的一戶農家，就在河水轉彎的地方，每次大水來，就沖走了田地的一部分，然後又補起來，只是如果大雨後，河水夾帶著從山上流下的漂流木重複經過，就將位於河灣處的田地，再度削掉一小塊。」

我心想的卻是這有什麼稀奇，人生就是這樣子啊，有什麼好遺憾的呢？我曾聽她說過這個夢至少兩三次吧，但是每次說時，她的口氣卻不盡相同，也許我要再仔細回想，才能分出這種差別，有一次，覺得她是很不安，好像在夢的驚嚇中，有什麼屬於她的東西被河水沖走了，那是無法用任何東西再填補的。

還有一次，覺得教父瑪麗是帶著興奮的表情，描述那位農人如何挖著從山邊挖來放在田埂旁的泥土，那些泥土是為了填補被河水沖走的河岸而預備的，好像因為有所預備而心情愉快。她努力趴在梳妝台前書寫的文字，就像那堆先前從山邊挖掘來的泥土，作為預備填充被水沖走後的洞。這可以間接說明，我為什麼直覺，教父瑪麗寫文章不必然是要清除自己早年的不堪。

我試著說說看。如果她早年的不堪，並不是如大家想像的，是發生在過去，而是始終像她夢中的濁水溪，不斷地流著水，源源不停地從山頭冒出來不曾停止過，那麼，她的書寫文字，就好像是從山邊挖掘來，放在田埂旁，隨時準備填補被河水沖走的河岸，而教父瑪麗趴在梳妝台前面，努力的書寫就只是像夢中農人，來來回回地填補河岸的工作而已，頂多能夠維持在原來狀態就不錯了。

　　這就是我從她趴在梳妝台前，努力書寫的模樣所直覺感受到的。

　　不過，我的說法可能太殘忍了。還好這只是我的想法，我沒有想過這些想法需要讓教父瑪麗知道，畢竟她是我老大的女人，就算我常和她上床，不表示我需要管她的事，或者我有資格管她的事。最重要的是，我大概也不會去管這事吧，儘管我會這麼嚴肅想這些事，都是受教父瑪麗和我老大的另兩位寫書的女人的影響，不然我跟著老大走，何必想這些事呢？

　　如果這麼單純，我後來何以也開始寫起我老大女人的故事呢？坦白說當然是受了我老大的三位女人的影響，雖然我一點也沒把握，我寫的這些故事是不是有人會看。不過，有次開玩笑說我要寫我老大的三位女人時，我老大竟然大聲說，他一定一出手就買一千本，然後叫兄弟們站在十字路口分發給有緣人。我老大將「有緣人」這三個字說得特別大聲，我那時候還沒下筆，心中卻是納悶著，我能寫出我和這三位我老大的女人之間的愛嗎？

　　教父瑪麗的性活動的對象和形式比較複雜，但是我老大有夠大的包容力吞下這些。對瑪麗來說，愛情是第二，包括她和我老大的愛情，當然也只是排在第二順位。但是我老大和教父瑪麗都堅持，他們之間真的有愛情，可以點燃火花的愛情。這我是不太懂，我不相信愛情，當然也不相信有愛的火花這件事。

　　不過，教父瑪麗每次跟我上床時的特殊程序，以及在

高潮後倒下來，像電影裡教父的女兒被槍殺後倒地的慢動
作，所傳達的緊張和最後的無奈，雖然看起來像是在表
演，但是她都做得很投入，每一次都是第一次的反應，我
無法分清楚，對教父瑪麗來說，那是愉悅或是哀傷？我原
本想像：上床就上床，射精後，我就完成我的事了。

　　我不知道其他人和教父瑪麗上床時，她是不是也播放
相同的音樂，相同的姿勢，相同的傾倒後，就是結局？後
來我倒覺得，她最後倒下來，混合著愉悅和哀傷的動作和
氣氛，的確是讓我覺得和她上床有不同的風味。我能用
「風味」來形容和女人的上床嗎？這是我想到而且很貼近
我想法的名詞。

　　我們就是跟別人不一樣的人，這是我當年離開家鄉時
的原因，因為跟故鄉人是不一樣的人。來到北部都會後，
還是跟這裡的人是不一樣的，跟其他人做相同的討債工
作，還是跟他們有所不同，連跟我上床的女人裡，也有這
些不一樣的女人。

　　我不知道是否有能力，將這些不一樣寫得清楚，雖然
我不必為了不一樣而多寫原因，我不是要寫我、我老大和
我老大的女人們，是多麼跟別人不一樣，雖然我有沒有向
世人說，我和別人的不一樣，這並不是那麼重要的事。

　　我還無法回答的是，我老大竟然對於我這三篇故事沒
有流露不快的態度。我不知道何以我敢把我和他的三個女
人的關係，這麼直接的坦露。我無法回答這個問題，因為
我是先寫後，在出版前再讓他看過，他看後只是一直大笑

說，「我在床上有那麼厲害嗎？」他覺得我所說的是太誇張了。

　　然後我老大說，「我一定先買一千本，分送給道上兄弟們。」而且他還認真考慮，「以後要出發向欠債的人催錢前，我一定要先寄這一本書，和我的三位女人的書送給對方。」我老大說，這保證一定讓對方手軟腳軟，嚇得趕快準備好錢，讓他可以順利討到該要到的債。

後記：

　　不論如何，我必須告訴你，後來，我一直困擾著超過我預想的一個疑問，我跟我老大的三位女人有愛情嗎？如果沒有，為什麼我在寫這些文字時，心中常覺得我找到了家？

　　我開始後悔寫這些故事了。真懊惱，當初做這個決定。我還偷偷去買了五本小說來參考，我還深刻記得，為了要買書而出現在書局裡，好像是偷做了什麼事的心情，手竟然會發抖，結帳時我還是低著頭，不好意思讓結帳的年輕店員看清楚我。

（2012.10.30初稿）　（2016.11.09定稿）

隨　筆

反　抗

談論和觀看古蹟，就成爲一種反抗。

關於過去，反抗才是最眞正的核心。

因爲反抗而不平靜，就打造出古蹟的驚悚本質。

白鷺鷥是幾個卡繆走出來？

（A面）

那麼，要反抗什麼呢？

卡繆：人們有權享有的幸福，都靠反抗才獲得。轉身反抗不公不義，你才由奴隸變成自己。不是變成主人，是變成自己：一個忠於自己的人。

一隻白鷺鷥，可以多麼卡繆嗎？

是否在太陽光底下，被曬昏頭，無故殺了人，然後上法庭，替自己做著無畏的辯解，讓世人知道，白鷺鷥多麼需要繼續生存在這個世界？

不過，就只是一隻鳥，全身沒有多少肉，瘦巴巴的樣子，能夠承受多少折磨呢？當那隻白鷺鷥，突然從那片綠草中間飛起來時，後頭有十幾隻白鷺鷥，跟著展翅起飛。

他們飛出了一片驚訝，也帶出了長久以來的反抗，為什麼是反抗？為什麼？

曾經有人用「白鷺鷥」做歌曲名，說著沒有結果的愛情，也說著不曾說出口的無言結局。

如果他剛好曾離開故鄉，多年後，他回到原鄉，有什麼東西還維持著一樣嗎？房屋破舊了，人物變老了，除了白鷺鷥，依舊在鄉野田中間，飛著莫名所以的飛。

只為了誘惑他的傷感，這是玩了多久的把戲呢？

白鷺鷥，鷺科，沒有別名，始終堅持不改姓，也不改

名，就是白鷺鷥，呼喚從頭到尾，從以前到現在，都是白鷺鷥。

但是他已成爲異鄉人了，只有白鷺鷥，依然是原鄉人。只是變成是，原鄉人在接受時間的審判。

曾經這樣子，那位檢察官指著他說：「諸位陪審員，在他母親過去的第二天，這個人去游泳，還跟一位女人發生不合法的曖昧行爲，去看了搞笑的電影，胡鬧嬉笑，就這些了，我沒有別的跟你們說了。」

聽說，台灣鳥類觀察，最常見鷺科鳥類，卻是常被忽略的一種。但是如果曾經在蕃薯田的收獲季節，跟著一群小孩子，在牛犁過的土地上，人和人搶著撿田主人撿拾後，開放給大家撿拾的蕃薯，白鷺鷥和白鷺鷥則搶著被翻起的小蟲或蚯蚓，就很難忽略牠們的存在。

小白鷺、中白鷺、大白鷺等「白鷺鷥」外觀相近，牠們之間互不排斥，常成群出現，也常見牠們一起築巢。小白鷺是台灣最普遍常見的白鷺鷥。大白鷺全長約六十一公分。一眼可看出來的區別方法，就是依體型大小，小白鷺的嘴尖黑色，腳趾青黃色，全身白色沒有多夏羽的差別。

（B面）

時間的審判，從來沒有停止過。時間說的話，跟那位檢察官說的話，一模一樣。

白鷺鷥活下來了，可以說是以古蹟的方式，做了多少

我們看不見的反抗呢？

於是，他反駁神父：「我牢牢記得人生就是今生，我不會忘記。」他是被時間審判的，因為眷戀塵世的生活。

小白鷺繁殖期間，頭、胸、背會長出優雅的蓑羽或飾羽，在秋季左右自然脫落。連庄腳囝仔都會覺得，那幾根飾羽很美麗。小白鷺一年四季嘴喙都是黑色，中白鷺在夏天繁殖季節，嘴喙會從黃色轉成黑色。大白鷺體型最大，頸部彎曲呈S狀，背部常拱起，遠遠看去像是駝背的老人，大白鷺覓食時大都久站等待，較少飛翔並以腳擾動水，捕捉受驚嚇而游動的魚。

牠們是活動的古老記憶。

三種白鷺鷥都是群棲性，台灣的水田、河溪、湖泊、或漁塭都可看見牠們的蹤跡。

牠們是白色神仙在漫步，這需要反抗什麼嗎？

如果牠們真的是神仙，可以不食人間煙火，就真的是神仙了。但是偏偏以昆蟲魚類、蛙類等為主食，但是這需要反抗什麼嗎？如果好吃，當然不需要反抗什麼，但是當殺蟲劑……

白鷺鷥喜歡群體居住，常和黃頭鷺、夜鷺集體在竹林、相思林或木麻黃中築巢。牠們的巢簡單拙樸，撿拾木竹枝、小樹枝做材料，雌雄共同築巢、孵卵和養育雛鳥。

不論先前是如何猶豫，白鷺鷥還是決定，要打頭陣，出來反抗。

白鷺鷥生性喜愛熱鬧，覺得被侵犯時，會於飛行時，

發出類似「嘎─嘎─」的沙啞威嚇聲。

　　如果遠遠看著白鷺鷥，全身潔白，有如神聖潔白的神在漫步。走路穩重、氣質高貴，反應敏捷、有美麗的飛行姿態。傳說中，白鷺鷥棲息在福地，只要有水稻的地方，就有白鷺鷥吃蟲的足跡。

　　我們想像以前，到底是什麼讓現在的以前變少了？

　　就在思索和探究過程裡，我們反抗著目前的東西，雖然所謂目前的東西，在我們的心裡可能視而不見，好像它們早就不存在，因而變成不是明目張膽或者理所當然地，卻暗暗啃蝕我們自己的處境。

　　但問題是：白鷺鷥，很卡繆嗎？誰是那位法官，在審判白鷺鷥的未來？強烈陽光底下，白鷺鷥的白真的很白……

還沒有鄉愁以前，烏秋尾巴的分叉，就很美了

（Ａ面）

烏秋，穿過川端康成的歲月。

牠只是一隻鳥。牠的尾巴分叉，以天空為背景，那是一種美，還沒有鄉愁以前，那種尾巴的分叉，就很美了。

所謂古蹟，跟「我愛你」有關嗎？烏秋尾巴的剪影在天空裡，這可以是一項古蹟嗎？

這是我說的，我不知道烏秋是不是有聽到？或者牠只聽得懂，自己更正式的名字，大捲尾？牠屬於捲尾科，這是讓我們認識牠的方式，把牠放在一個我們能夠理解的框架裡。

雖然我是希望，烏秋，可以一直自由地，空中飛翔。

稻村雪子的絲綢包巾上，千百隻白鶴，透過川端康成的心思，飛翔在菊治的心坎。稻村雪子泡好茶後，將有山村氣息畫面的茶碗，遞給菊治。這是適於早春使用的茶碗，但是當時卻不是時候，不過這種不是時候，卻更突顯兩代男男女女的情愛，所帶來的複雜情意，和身體的交纏。

如果古蹟缺乏「我愛你」的歷史，需要什麼作為證物？它是情慾凍結的狀態嗎？或者，是為了召喚曾經流失的情慾？

至於鄉村氣息的烏秋，它不是白色，當然一眼就看清楚了，但是黑得發亮的烏秋，是否看見了村子裡的情情愛

愛？這是另一篇小說的題材，不過我確定的是，雖然在我記憶中，童年時，並沒有白鶴包巾的印象。

當我再想起烏秋時，我再度看見了烏秋，穿過了川端康成的歲月。

沒有烏秋停在傍晚時分的電線上，就缺乏了童年的記憶，因此這場景是古蹟的一部分，雖然它是移動式的古蹟，我將要描述一下這個古蹟。

一條電線畫在天空，黑色的粗電線，背景是起風後的傍晚時刻，如果是春夏天，這時的天空顏色，是一種最美麗的天藍。如果是秋冬季節，天藍被添加了一些燒枯稻的灰，像是來自廟口香爐裡的香灰，灑在天空藍裡。如果不低頭看著綠色田地，就算是休耕時，也是綠色的，不過，還是就抬頭看電線就好了。

一排烏秋，肩併肩，站在電線上，至少有將近五十公尺，也許更長。知識是後來的，例如，烏秋分佈在低海拔至平原、農耕地、雜草低矮灌木叢、海岸濕地的樹林、和防風林。重要的是，烏秋總是一線排開，肩併肩，站在電線上，好像已經做完整天的事了，看著從農田要回家的種田人，和放學後先和同學跑出去玩的朋友們。

還有，烏秋一定是全身黑色，且有光澤，嘴、腳都是黑色，卻不是流里流氣將髮油，大量塗抹在頭髮上的年輕男子。那時候，只有從都市工作回來，參加廟會的村人，偶爾會看見那種髮油亮得，會讓人忍不住想要在地上滑倒的黑亮。更重要的，烏秋的尾羽長有深叉，任何人只要遠遠一看見它，就可以很快說那是烏秋。

　　至於八九歲的菊治，陪多情的父親，去近子的家時，近子正在房裡敞開胸脯，以剪刀修剪黑痣上的毛。那是一片黑痣，從她的左邊半個乳房，往下延伸一直到胸口，這是另一種黑暗在反抗著……

（B面）

　　烏秋，再度穿過川端康成的歲月，這是我刻意安排的景象，但是我無法安排烏秋如何過明天之後的日子。

　　牠黑得很美，是活著的古蹟，這麼說可能太露骨了。

　　最近的日子裡，驚訝烏秋仍然站在電線上，好像是古蹟，站在電線上。這需要再重新來想想，什麼是古蹟？這會讓人們想起什麼呢？是讓人想起了什麼，才是古蹟存在的重點，就因為讓人想起了什麼，包括，往事……

　　我想起了，川端康成在圓覺寺的茶會裡，安排了菊治和已過世父親的兩位親密女人，太田夫人和近子，這場茶會涉及了往事裡一個茶碗的傳承。那茶碗是太田留給未亡人太田夫人，她轉送給菊治的父親，他將這茶碗轉送給近子。太田和菊治的父親，兩個男人都過世了，此刻，兩個女人在茶道場合裡。近子拿出了這個茶碗，近子只是輕輕說，她想用這個茶碗，再喝一杯茶，因為剛剛是用別的茶碗。

　　這是別人往事，卻跑進我的人生裡。烏秋當然無緣面對，這個茶碗裡春天般翠綠的茶水，對於村人之間的恩恩

怨怨，也只能冷眼旁觀。但是牠們飛過，正要插秧前平靜天藍水面的稻田，身姿卻是美麗。

尾長而分叉，飛行技巧相當美妙。

五十年後的情人，早已不在同一根電線上，有誰能回答，流失的是那一種偶然？

但是烏秋生性好鬥，常追逐其他鳥類，通常喜歡棲息於樹頂或高處，一如近子在茶道場裡，在太田夫人面前，拿出那個充滿情愁的茶碗。

在準備插秧的水田裡，如果時間往前推，則是稍早前的收獲季節，烏秋常會停棲在農田裡正在犁田的牛背上，等待食物，除了寄生牛身上的牛虻外，出土的雞母蟲和蚯蚓，都是牠最佳的食物選擇。

可以看見烏秋的高超飛行技術，在空中來回翻滾，瞬間貼地飛行時，快速美麗的採食動作。

藏不了身體的雞母蟲，泛指在腐植土中，白白胖胖的大蟲。有人說，雞母蟲是數百種甲蟲幼蟲的合稱。例如，金龜子、天牛、兜蟲、鍬蟲的幼蟲，都統稱「雞母蟲」。獨角仙的雞母蟲比較大隻，吃腐木、爛葉；鍬形蟲的雞母蟲也是吃這些東西。至於金龜子的雞母蟲，則是農民的大敵，又叫切根蟲，會危害果樹的根部，讓果樹忽然間整棵枯萎。

烏秋，重新站上水牛的背上，嘴巴輕微地動著，將原本是橫著被咬住的雞母蟲吞下肚子。

烏秋的領域性極強，常發出類似「嘰卡啾」的聲音，聽說，棲息在都市的烏秋並不結群，但農業區的烏秋會結

成群體。難道村人和烏秋之間,早就有默契,都是要成群結隊嗎?傍晚時,村人一群圍坐在廟口,烏秋集結站在廟前廣場的電線上。

　　雖然已經遲到了,不過,走進鎌倉圓覺寺後,菊治還猶豫不決,想著到底該不該去參加這個茶會,是粟本近子在圓覺寺內的茶室舉行茶會。烏秋當然不會有這麼繁複的細節,在幾個月前,或者更早更早前,這些烏秋,已經零零散散了。

　　好像古蹟的凋零,流了一場汗水後,被雞母蟲吃完地下根而倒下的芒果樹,倒下瞬間,還在苦苦挽留,烏秋尾巴所切割的天空。

一盞茶油籽燈，掛起不平靜的反抗

（A面）

茶油籽燈的閃爍和味道……

每天都是同一隻手，皮膚皺紋多的手，拿著紅色枝頭的火柴棒劃過火柴盒旁邊黑色粗糙部分。當火柴棒著火的瞬間，突然有股氣勢，那時候，是神明廳裡最亮的時刻。

當用火柴棒點燃茶油籽燈的燈心蕊時，油燈的亮度，隨著燈心蕊被拉出來的長度有關，但是拉至某長度，就差不多一樣亮度了，也許是眼睛區辨能力的極限。無論如何，最亮時油燈的亮度，都比不上火柴棒劃過火柴盒，磨擦後那瞬間的亮度。

這些記憶出現的時候，絕不是百分之百的愉快，這是多麼奇怪的經驗，為什麼不是以全然百分之百愉快的方式呈現呢？

至於對於赫曼‧赫塞的記憶，則是更晚的事了。

記得赫曼‧赫塞說過，比起名氣、美酒、愛情和知識，還有更高貴幸福的是，友誼。唯有友誼，使得他能掙脫惰性，讓年輕歲月不至於流於頹廢，保持黎明般的清新。

但是點起茶油籽燈，卻是和這些完全相反，或者說完全不一樣的情境。談不上高貴幸福，是這種相反的情境，讓我再想起茶油籽燈這件事，我是說「這件事」，而不是「這個東西」。其實這是寂寞的事，它的事件是油燈和它

的氣味，以及油燈下的記憶。這也不涉友誼。

但是讀赫曼‧赫塞的《鄉愁》，卻是一直浮現茱油籽燈的光影……

他是這麼說，日後，每次經過米蘭，都會想起某個下午，他苦笑，想像上百尊大理石雕像，正在跳來跳去。這是很壯觀的大理石雕像的舞蹈，但是茱油籽燈火的閃爍，卻是常常擔心，有魔神仔被照在牆壁上跳舞。

至於茱油籽燈的製作很簡單。只要準備一瓶岡山豆腐乳的小瓶子，將它內部洗乾淨，再倒放，讓裡面乾燥。另外用鐵槌將它的瓶蓋打平，變成一個平面。那時候，沒有水泥地面，房子的地板都只是泥土，用大槌敲得很硬。但是再硬，還是無法作為打平瓶蓋的地方，會將地面敲出一個洞。

因此只能到屋外找大石頭，在石頭上，將瓶蓋敲扁，要敲得很有技巧，因為要將原本是螺紋抓住瓶子的部分打平，這樣子整片蓋住瓶口時較平穩。將瓶蓋打平後，再拿根大鐵釘，從蓋子最中心的地方打出一個洞，這個洞是作為燈心蕊穿出來的地方。

這是一幕準備點亮微微光明的燈心蕊，但是穿出赫曼‧赫塞日後置身異鄉的思念。他是這麼說，每年冬天臨走前，焚風伴隨著沈重而來，讓阿爾卑斯山聽得心驚，鄉愁總也包含著對於它的思念。其實，這描述的不是思念的故事內容，而是指思念本身，就是一場奇怪的焚風。總是讓人寫不下去，要起身在書房裡走了幾圈，才會回到書桌前，繼續在思

念裡尋找縫隙，尋找出文字，這讓所有的文字都只能描述，懷鄉的風和風之間的空白。

打出瓶蓋上的洞時，要將原本表面有圖案的那一面，放著蓋住地面的那邊，這樣子將釘子釘過去時，鐵片才會往有色彩圖案的這邊開花。如果是放在石頭打釘子，就打不出這種開花。因此打釘子鑽洞時，要將瓶蓋放在泥土地上，而這突出的開花部分，就是放置燈心蕊突出的部分，可以有這些開花部分來抓住，再看要讓燈心蕊凸出來多少作為調節亮度。

（B面）

荣油籽燈的閃爍和味道……

記憶是反抗文化，也是反抗文明。在還沒有電燈的年代……

燈心蕊，是用白色棉條製作，在五金店可以買到一長條，回家後依油燈瓶身的高度剪裁，長度最好是留下一部分，讓它浸泡在荣籽油裡時，在瓶底可以繞著一圈。因為露出來的棉蕊在燒出光後，一陣子就會老掉，需要用剪刀修整掉前頭的部分。

赫曼·赫塞在《鄉愁》裡，燒毀了他在十七歲前，寫下的激情詩詞和小說。他是在翻閱了高特佛瑞德凱勒的作品後，終於覺悟當初幼稚的幻想，離真正的藝術有多麼遙遠。他帶著難堪的羞愧，燒毀了舊作品，重新冷靜卻悲傷

地看著這個世界。

　　為了不會太快燒掉這條棉蕊心，菜籽油是否曾幻想激情的未來？不過修剪棉蕊心時，要剪得剛剛好將黑焦部分去除就可以了。棉蕊心前頭黑焦部分太多時，油燈的亮度就會減少。這種亮度的減少是慢慢發生的，因此通常都是寫完功課後，眼睛很疲累了，才會想到棉蕊心需要修剪了。因此整個棉蕊心就會愈來愈短。

　　如果棉蕊從瓶口往下時，留在燈瓶內太多，會影響每次能夠放進的菜籽油的量。這是一種簡單的算數問題，不過當時只覺得是一種經驗，在腦海裡不自覺的運算經驗。已經記不起來，是誰先說了，就在燈油瓶的底部，只要留下一圈就可以了。

　　藉由棉紗吸油的特性，作為油燈的心蕊，沒有去研究這項智慧，是從那裡傳來的，是否那些四處走唱跳舞的賣藥團帶來的？或是騎著鐵馬，載一大堆日常百貨的雜貨仔人，帶來的新玩意？帶來了另一個星球的新奇……

　　他是這樣子說的，星星、青山和湖泊，這些美麗的夜景，正帶著責難的眼神，看著赫曼‧赫塞，這些山水正等待著，是否有人能夠懂得它們的美麗和隱隱的痛？並有能夠代替它們表達出來的人？赫曼‧赫塞說，他就是這個人，以詩傳達大自然訊息。

　　那盞菜油籽燈，當年照亮作業簿的方格子和注音符號，現在卻是讓神明桌底下的黑暗更多明顯，好像在反抗著鄉愁的明亮。既是自然也是人工，要趴在地上讀書寫字

時，就將油燈從神明桌上拿出來放地上。不過卻想不起來，為什麼不在神明桌上寫功課，非得趴在地上寫功課？很難想起來，曾在神明桌上藉著油燈寫功課？

這談不上詩詞的認識，只是為了能夠識字，識字就是大事件了。

其它的是後來的知識了。純粹的知識，例如，芥花油是一種菜籽油，菜籽油就是俗稱的菜油，也叫香菜油，是十字花科植物芸苔（油菜）的種子，榨壓出來的半透明狀液體，通常是取自甘藍型油菜和白菜型油菜的種子。

其實，小時候的記憶跟這些知識都無關，有的是不斷閃爍的燈，讓寫字簿上的字，變得好像在跳舞；它的味道，略帶著油臭味，以及它不斷上升的黑煙……

就是這些黑煙和味道，以及它的道具，構成了一種古蹟。如果沒有黑煙和味道，那麼這個玻璃瓶和瓶蓋，也只是一種道具。還有更重要的是，有微小的身影趴在地上寫字，光影投射在牆壁上，更能夠形成文明的是，那些被寫下來的文字，以及藉著累積這些文字，建構出來的識字出頭天。

轉頭側看，眼前的油燈光影，我的背部照在地上，延伸到牆壁的身影，卻是赫曼‧赫塞所說的，群山近在眼前卻沈默不語。月亮透過霧氣，閃著冷冷的光，青山的魂魄靜靜地圍在四周，眼睛動也不動地看著他，透露著疑惑和難以了解。

在菜油籽燈微弱光影裡，如果我曾問候赫曼‧赫塞，

他能在記憶裡活過來多少次？另外，也許寧願趴在地上寫功課，不是坐椅子在神明桌上寫功課，因為需要將油燈放地面，就可以照亮神明桌底下的黑暗，當初害怕黑暗中的魔神仔……這是現在的知道，這是知道？還是反抗害怕？

煮熟的蕃薯，飛不走卡夫卡的蟲

（Ａ面）

一顆蕃薯，能夠做什麼大事嗎？

雖然法蘭克·卡夫卡手中的那隻甲蟲，重新打造了人類文明史裡，書寫小說的新角度，讓人看事情的方式也跟著改變。

唉。平平都是人，卻是這樣子起了漣漪……

需要重新看看蕃薯這個東西？尤其是它被加上新功能，代表台灣這塊土地，原本長在地面下的塊莖，卻不得不努力撐起一片天，希望是沒有雨的一天。

但是他卻希望，最好整個下午都下雨，這樣子他留下來照顧這個大灶時，其他人跟他一樣，也無法出去外頭玩了。那時候，他五歲過十一個月大。

他的高興還不只這樣子，雖然他當時根本不知道，卡夫卡的甲蟲是什麼？那隻蟲會不會飛？如果用棉線綁住腳，是否是還能飛？如果不能飛了，那就是真的很差勁的蟲。

一股一股白煙，輪流從大灶的木頭蓋隙縫間冒出來。這個灶很大，是旁邊煮飯用的前後雙口灶的三倍面積，只有一個大的開口，上頭放著很大的鑄鐵鍋，像是炒菜鍋的阿嬤的阿嬤那麼老、那麼大。

這些白煙其實說了很多心事，但是很難被聽懂，後來他也就算了，何必管白煙，它一下就消失了，不再那麼熱

衷被了解。雖然偶爾會偷偷想一下，到底它想要說的心事是什麼？反正只是偷偷想，也不必付錢......

他還不是卡夫卡，也不想當卡夫卡的那隻蟲。

也許不是變成蟲，而是回到蟲。這隻奇怪的蟲在多年前就學會了，先肩背著愛德華·薩伊德後來說的：回歸自己，回歸歷史，使我們了解真正發生了什麼事？為什麼發生？以及我們又是誰？

這隻蟲是古瑞格變成的。反正，人變成神都不稀奇了，變成一隻害蟲，又會怎麼樣呢？整個屋內到處是隨時飛來又飛出去的蟲，騙肖仔，誰沒有看過蟲。不過不要看輕這隻害蟲，牠改寫了現代文學的眼睛，影響了後代小說家。

「原來，小說可以這樣子寫。我也會。」光是這個想法，就打開了全世界的窗戶了。重點在於最後一句，「我也會」。

古瑞格的目光看向窗外，雨水打在窗檯的鐵皮上，滴滴答答。沈悶的天氣讓古瑞格更加抑鬱了。古瑞格想著，如果能夠再繼續睡一會兒，這世界上最愚蠢無聊的事，會不會就一切都忘記了呢？

他突然醒來。他竟靠在另一個煮菜灶旁邊，坐著睡著了。也許是整個早上，在太陽底下，水井旁，清洗一大堆蕃薯和葉子有關吧。整個早上太陽很大，如果能夠出去玩，一定很好玩，至少可以捉迷藏躲在龍眼樹上。

他剛剛竟然睡著了。他趕緊起身，用手去抓灶門，結果被燙著了，趕緊跑去水槽旁，將手浸在冷水中。還好，

只有紅起來一小片，沒有起水泡。他回頭看被打開的灶門裡，沒有火光照出來了。他知道灶裡頭的火已經快熄滅了，只好趕緊回到大灶前，看看灶裡頭，只剩下一些星點的紅。如果只放進大木頭，已經無法再起火了。

他只好跑出廚房，繞到柴間，拿了一綑乾稻草，邊走邊將那稻草對折、再對折，走回灶旁。他先將那綑乾稻草塞進灶裡，然後用鐵夾子，夾著一些小木塊，一一放在乾稻草上，鋪設好了，他用椰子的落葉剪成的扇子，用力煽著灶內的火。

當火勢一起，他再看是否需要加進一些助燃的米糠？太早加進太多米糠，由於密集和重量，反而會將初起的火勢給弄熄了。火漸漸大了起來，他先用手抓一塊小木頭，準備要放進灶裡，要很小心，不能壓壞了剛起的火勢。他看小木頭也起火了，他才慢慢用手將大木塊放進灶裡。

要大木塊也燒起來，才有辦法維持穩定火勢，讓這麼大鍋的蕃薯被煮熟。

（B面）

灶裡的火勢已經起來了，他用鐵夾子夾住灶門，關起灶門。

他起身站在板凳上，再一個月就六歲的他，用力將木蓋子推向一旁，白煙已經很微弱了。他用手碰碰蕃薯，還好還有熱度，可能才熄火不久。他壓壓蕃薯還是半硬，還

不能吃，這是他做這項工作的最好報酬，就是在父母回來前，可以任意吃個飽。他搶在這大鍋蕃薯和葉子給豬吃前，先品嚐香噴噴的蕃薯。

卡夫卡的蟲叫做古瑞格，就沒有這麼好的運氣了。雖然卡夫卡花了不少篇幅談到食物，例如，當古瑞格在食物堆裡，熟練地吞食掉它們時，妹妹會說，今天的食物很合他的味口。當情況相反，妹妹會帶著憂傷的口氣說：唉，怎麼又全部剩下來。

這個大鍋比他的身高還要長，他看看裡頭的水太少了，就拿著水杓從地上那桶水裡，杓了兩次水放進鍋子裡。他再用力將木蓋拉回，蓋住整個大鍋後，他才放鬆下來，坐回灶前的地上，看看火勢後，再放進兩大塊木塊後，將灶門關起來。

因為年紀還很小，無法外出工作，他每天都會幫忙煮蕃薯，準備在父母外出工作回家後，再拿這些蕃薯和葉子去餵豬。在早上，他先將成堆的蕃薯連著葉子，搬到水井旁，分批放進大鋁臉盆裡清洗蕃薯。

他拿著繫有長繩子的木製水桶，慢慢放進水井裡，當木桶已抵達水井裡的水面後，右手拉著繩子順勢快速左右搖晃，讓浮在井水面的桶子倒蓋過來，整個桶子就浸入水中。他再用力將裝滿水的水桶，慢慢拉出來。

拉出來的井水要清洗的，也是懷念。愛德華‧薩伊德在《不在原地（Out of Place有人譯，鄉關何處）》裡描述的人生是一連串的離別和返鄉。離別，總是焦慮的；返鄉，

卻是不確定的，只因為現在所站的地方，不是自己所來的地方。

　　他將堆在水井旁，成堆蕃薯和葉子一起放進盆子裡，在水中，一個一個，將蕃薯拔離粗梗，再順手清洗每個蕃薯。至於有人說，1493年，哥倫布初見西班牙女王伊莎貝拉時，曾將由美洲新大陸帶回的蕃薯獻給女王，西班牙水手又將番薯傳至殖民地呂宋（今菲律賓）。再繞了一圈，來到台灣這土地。這是吞下熟蕃薯，在胃腸裡經過四、五十年後，從蕃薯長出來的知識和枝葉。

　　蕃薯葉，是不上菜桌的，都是煮後給豬吃的菜。雖然現在是台菜餐廳的招牌菜，但是他很確定，直到離開鄉村前，他不曾吃過蕃薯葉。現在都改叫「地瓜葉」了，因為蕃薯裡的「蕃」字，台灣人覺得有歧視「蕃人」的意味。台灣人的戶籍謄本裡，曾有的「生蕃」、「熟蕃」的歷史記錄。

　　至於這個「蕃」字，起初歧視的對象並不是這塊土地的在地人（現改原住民），而是歧視來自其它國家，被叫做「番邦」的，因此有了番仔火（火柴）。地瓜是個中性的描述，卻讓蕃薯失去了它的歷史感。

　　古瑞格一直是一隻蟲，他的母親認為最好的辦法是，盡量讓他的房間維持原樣，如此一來，等古瑞格再回到身邊時，他會發現一切都沒有改變，這樣子，他比較會忘掉曾經發生過的事。

　　如果蕃薯會說話，不知它會如何看這件事？是否會抗

議它被改名？雖然有「蕃」字並不是它故意的，作爲蕃薯，它不會看不起任何人。也許這是一股一股升起的白煙的心事吧，但是他當然不會這麼想。

白天的廚房仍是暗暗的。廚房的位置在三合院裡，不會蓋在有陽光直接曬進來的位置，倒是靠著斜照進來的一道光，讓他在廚房裡可以看見東西，但不是明亮的感覺。

他一直蹲在灶前，不時打開灶門，添加木柴送進火堆裡，他的目的是等待，蕃薯煮熟後，等晚上阿公和父母回家，弄蕃薯和葉子給豬吃。有三隻豬養在前庭曬穀場左上角的豬舍，但是給豬吃前，他要先吃個過癮，他只吃蕃薯，不吃葉子。

從木蓋縫隙冒來的蒸氣白煙，他聞得出來，蕃薯大約有八分熟了……這白煙才是眞正的古蹟……

颱風吹不走，野性對傑克・倫敦的呼喚？

（A面）

台灣的颱風夜雨水，其實沒什麼好稀奇的。每當颱風來時，都會出現這些狀況，如果把它當作很稀奇，反而變成是很奇怪的反應。

當傑克・倫敦讓巴克在《野性的呼喚》裡的米勒法官家裡爬上爬下，牠是這個家的王。在白楊樹下穿梭，在長滿青草的牧場奔跑，巴克不把其它狐狸狗放在眼裡，因為牠是高大聖伯納種狗的小孩。

晚上來之前，一定都是白天先來，但是颱風來時，通常白天就不會想要多逗留久一點，就這樣子，總是天黑得比較快。不過這是無法商量的事，就像在大人的世界，他只有四歲是囡仔人，只能在旁邊看。

他阿爸和阿公提早回家。他們從倉庫裡，拿出上次颱風沒有被吹走的，五塊大面積帆布，先放在地上。上次收藏起來前，有先曬了幾天陽光，但是拿出來時，還是有一些霉味。

這些霉味也許有些陳腔濫調。夏季時，必須重複拿出來對抗命運的工具。或者不是對抗，而是將命運包在裡頭，以為命運是跑不走的。

艾德華・薩伊德提過，不喜歡開山收徒，因為不喜歡給人一個小小工具箱，裝著陳腔濫調和方法。他倒是讚賞

雷蒙·威廉斯的《鄉村和城市》，把英國文學的標準課程，放在都市和鄉村的衝突或辯證的社會脈絡裡。

風漸漸起身了，他阿公一一攤開那五片大帆布，也攤開了和颱風對抗的標準課程。每一片都有囝仔的身高兩倍長，由於是帆布因此有些重量，囝仔根本搬不動，只能在旁邊看。

他阿公和阿爸的表情是緊張和擔心，囝仔卻很興奮，好像等一下要來的颱風，是上次一起玩的朋友，離開後很久沒再聯絡，如今又再度來到這個小村落。囝仔東問西問，他阿公和阿爸都沒有回答囝仔的問話。

至於傑克·倫敦鋪陳巴克的命運時，他沒有提及命運這件事，只是說巴克不會看報紙，因此不知道北極黑暗區發現黃金後，將帶來生命的風暴。巴克在冬天的夜裡，會在書房裡熊熊爐火前，躺在法官的腳旁。

他阿公在攤開帆布時，他阿爸走過曬穀場外緣，那片長滿雜草，和兩顆龍眼樹、一棵土芒果、一棵蓮霧樹的地方，撿拾有用的大石塊。有用的石塊不能太重，會壓垮屋頂，太輕則擋不住颱風的吹襲，一下子就滾落下來，就成了沒有用的石頭了。他阿公和阿爸說過很多次，做人要做有用的人。

他阿爸兩手各拿著一顆石頭，那些石頭是上次颱風後，再放回草叢裡的有用的石頭，這次又要上場了。他阿公攤開那五片帆布後，也去草叢裡搬回石頭。他阿爸和阿公來來回回很多趟，那些石頭堆在帆布旁成一座小山。將

草叢裡的石頭都搬出來後,他阿爸拿著那把用竹子綁成的梯子,選擇一個穩固的地方放好梯子。

巴克的父親,是叫做艾莫的高大聖伯納種狗。巴克沒有父親那麼雄偉,牠的母親榭波,是蘇格蘭牧羊犬。由於巴克受到普遍的尊敬,生出來的威嚴讓牠像是個王者。傑克‧倫敦說巴克自負,像土紳士見識不廣卻是妄自尊大。

颱風就要來了,是必須低頭的時候,也必須抬頭看看天空的雲。他阿爸先爬上梯後,站上紅瓦屋頂。他阿公拿一張帆布捲成圓筒後,夾在右上臂彎裡,再用左手扶著梯子往上爬,到了梯頂,他阿爸再從阿公的脅下,將那張帆布直接抽走,這樣子他阿公才能兩手都扶著梯子,不會身體太搖晃。

（ B面）

他阿爸小心地沿著比較結實,可以承受踩踏的屋瓦最旁邊的位置,直走到上頭,再沿著屋脊,走到要放上帆布的地方,將帆布鋪在屋頂上。他阿爸和阿公重複地,將五張帆布都鋪好後,他阿公改換單手拿著一顆石頭,走上梯子,將石頭傳給他阿爸。

艾德華‧薩伊德被問到,他的家人對於《鄉關何處》的反應?他說這本書大大得罪了妹妹們。他送書給四位妹妹,她們都沒有回應,他電話找她們,有妹妹說,她很難讀下去,覺得很不舒服……

　　午夜，颱風就要來了。他阿爸接了石頭後，再將石頭一一放在帆布上，務必要將帆布壓住。就這樣子，一顆石頭，一顆石頭，慢慢地堆在帆布上，直到五塊帆布都被石頭壓好。

　　他阿爸從屋頂下來，準備面對今夜就要掃進來的颱風，他阿公看看天空的雲說，這颱風一定會進來……

　　雖然他只有四歲，他從阿公和阿爸的臉色，知道颱風就要來了，他們沈默安靜地做著，上次颱風來之前的準備動作。他只是跟在旁邊看，卻不知要問什麼問題？

　　傑克·倫敦的巴克沒見過太平洋的颱風，但是巴克卻從法官的壁爐旁，流落到冰天雪地拉雪橇。趕狗人曾評價，巴克是兩個魔鬼的混合，但是當天工作還沒有做完，趕狗人就發覺，他對巴克的評價是太低了。

　　從臥室屋內主樑上，懸掛而下的電線尾端，一顆瘦小燈泡的微光，勉強支撐著屋內擺設的定位。

　　有了微弱的光線，就能夠固定所有的傢俱。

　　當風起時，窗外開始傳來咻咻的風聲了。風很容易就穿透別人的心思，木板成為移動式窗戶。風吹進房間後，那條垂下的電線，就開始搖晃了，像客廳大鐘的鐘擺，左右搖晃。

　　臥室裡的傢俱也開始搖晃，不再安靜待在室內了，然後不再只是左右搖晃，像同村子那位醉漢走在路上，變得不規律的搖動了。

　　巴克只要在休息時，和雪地裡最兇的狗打三回仗後，

巴克便取得了支配者的地位。但是巴克最喜歡的事情，也許是坐在火堆旁，後腿縮進肚皮底下，前腳伸出，抬著頭，眼睛望著火，像做夢。有時，牠想起陽光遍灑的山達克拉大原野。

在有風的稍早前，就有了小雨，當風愈來愈散亂時，雨也更大了。雨打在屋頂的帆布上，比平時打在紅屋頂上，還要更大聲的迴響。帆布是一面鼓皮，一場颱風的鼓之舞就要上場了。有規律的雨聲，只是很小段的時間，很快地，就是醉步，踩在鼓面上跳動了。

他仔細地盯著屋頂，到底什麼時候，會滴下第一滴水？從屋頂滴進屋內。雖然每次都希望，這一次蓋上帆布後，可以不會有雨水滴進屋內，但是以前都是失敗的，他仔細地看著屋頂，不久，第一滴水，就從靠近窗戶的地方，滴下來，輕輕的一滴。

每次颱風都是從不同的地方，開始流下第一滴雨水……

（C面）

颱風已經到村子了，第一滴雨水，從屋頂進來屋內後，他就要收起棉製的蚊帳了。

他趕緊跳上床，將綁住蚊帳的四角落的繩子都打開。那四條繩子從四個牆角的釘子上垂下來。打開繩結後，他趕緊將蚊帳折疊起來，再跳下床，拉開床旁木製的櫃子，將蚊帳塞進櫃子裡。再用一塊帆布，蓋在那櫃子上，他拉

拉帆布，要讓帆布可以全部蓋到，上方可能會有雨水滴進的開口。

就像樑柱上飄搖的電線，對於艾德華·薩伊德來說，思索回歸是什麼，就變成一生重要課題了。他把回歸定義爲：回歸自己，回歸到歷史，了解眞正曾發生過什麼事？爲什麼發生？而他又是誰？

他阿公和阿爸弄好屋頂後，再走到前庭曬穀場角落，用麻繩將豬舍門再綁緊，門像水門那樣是上下抽取的，以免三隻大豬因受驚嚇，將門撞開後跑出去，反而會被淹死。他阿爸另在豬舍角落，鋪上三個倒蓋過來的方形大竹簍，以備淹水太高時，再將豬趕上那竹簍上方。

他阿公和阿爸想想，能做的就這些了，接下來就是等待了，等待天黑，等待颱風來臨。他知道今天晚上，自己大概很難睡覺了。

在第一滴雨水進到房間後，就會有很多雨水跟著進來。他已經準備了，廚房裡能用的鍋碗和家中四個鋁臉盆，只要那個地方有雨水滴下來，他就將鍋碗放在地下，接滴下來的雨。

自從冬季以來，巴克在雪地裡，已經跑過了一千八百哩路了。傑克·倫敦爲了這場冷酷，並沒有打算讓巴克和牠的伙伴們好好休息。但是巴克挺住了，牠反抗的不是雪地野性的召喚，而是牠在法官家壁爐旁留下的想念。

他很興奮，他打算整個晚上都不上床睡覺。他仔細盯著屋頂和聽著盆碗裡的落雨聲，有些地方會突然滴下比較

多雨水，他就趕緊換上大的鋁臉盆來承接雨水。

他阿爸和阿母早就在床上睡著了。他們做完能做的準備，就上床睡覺了。這陣風雨過後，明天還有更多的事要清理。他們蓋著蓑衣睡覺。他通常都睡不著，如果碗裡的水積滿了，他就捧著碗，從門縫之間將水倒出屋外。

懸掛在屋樑下方的小燈泡，偶爾風停時，仍會小小的搖晃，好像已經停不下來了。當風再起，會很快地大幅度搖了起來。

他阿公在隔壁，偶爾起床，透過門縫看屋外是否有積水？如果積水高過屋簷下的高起平台，就表示豬舍也會淹水了。還好這次水淹得不高，不必要叫醒他阿爸，一起出去處理那三隻豬。風雨中並沒有聽到豬的嘶叫聲，因此豬隻仍安好吧。

巴克在冬天雪地跑了三千哩路，整個春天，就躺在河岸邊，很長很長的春天，牠望著滾動的流水，懶懶地聽著自然界嗡嗡的聲音，巴克的元氣就慢慢恢復了。

他後來也側躺在床上睡著了。醒來時，風雨已經變小了，天光也亮了，他阿爸、阿母和阿公都出去工作了。他是被餓醒的，昨晚太興奮了，忙碌了很久吧。

當他踩下床時，水濺起來，水淹過他的腳踝。水濺起來的聲音，是大自然的聲音，也是他覺得最值得的記憶，尤其路上有水灘時，一定要踩在水灘上，走過那個地方。

他先走到廚房，去吃放在灶上，他阿母煮好的蕃薯簽加飯，一盤白菜，和一盤白斬雞肉。吃飽後，他拿著他阿

公用乾葫蘆製成的水杓，颱風夜後的白天，他要將這些水都杓出屋內。

他希望五歲後，就可以爬上屋頂鋪設帆布。但四歲，是他要保留的古蹟。

披著蓑衣的荒原狼，有多少赫塞？

（Ａ面）

也是別人的老故事。

但是對他來說，別人的就是別人，他要記得的是他自己。

赫曼・赫塞在《荒原狼》裡，提及人和狼的雙重性，回頭根本沒有路，既回不到狼那裡，也回不到孩童時代。一切造物都有多面性，已經被拋進演化的污泥濁流中，並且永遠不會再逆流而回了。

一件蓑衣，掛在客廳左側牆壁上。它說不出美麗故事，反正下雨時不需要美麗的故事。但是他最喜歡下雨天，可以在外頭淋雨，和同伴們大呼小叫，跟雨水競爭聲音。

在那時候，鳥聲也不見了，如果有蟬鳴，頂多在他和同伴們大叫一陣子後，蟬聲就被雨淋濕了，再也傳不出一根枝幹的範圍。

在美麗的塑膠雨衣出現後，蓑衣的命運就改觀了。雖然雨衣剛出現時，都是灰色調談不上美麗，但是蓑衣就掛在客廳牆上，他在四歲半時，從來不覺得自己會像那件蓑衣，只是掛在牆壁上。

有次，他阿公叫他穿上那件蓑衣。

那時候，陣雨剛過，他阿公看看天空，應該不會再下雨，他阿公叫他穿著蓑衣走回家，阿公幫他披上後，說不

用扣上沒關係，他走回家後，就可以直接脫下來，放在屋簷下的板凳上，等他阿公回家後，如果蓑衣已經乾了，他阿公再掛回客廳左側牆壁上。那是蓑衣平時被收納的牆壁，也是它的家。

愛德華·薩依德在《處於公眾生活十字路口的文學理論》裡，提到貫穿他人生最強烈的那一條線，就是他總是處在事情之內和之外，從未真正很長久地覺得，自己屬於任何東西。隨著歲月的流逝，一種無處可歸的感受。

蓑衣，跟四歲的他整個人是一樣高。底擺有些拖在地上，但是蓑衣很耐磨，他阿公說，一件蓑衣可以穿一百年。但是還不到一百年，就有塑膠雨衣出現了。

他沿著田間小路，要走回家，正要跨過小溪時，溪裡有三條鱔魚，在河土岸上鑽來鑽去。他穿著蓑衣，直接走進小溪裡，溪水到他的內褲上緣和肚臍之間。他嘗試要抓那三條鱔魚，晚上就可以加菜了。

他走進溪裡後，就不見鱔魚的蹤影了。他安靜不動等著，但是都沒有動靜。他只好放棄了，浸泡水的蓑衣變得好沈重，他趴在河岸上，出力地抓緊雜草，借力要起身，但是實在太重了。他休息了至少三回，最後好不容易兩隻腳都上了河岸，才慢慢站起來。

赫曼·赫塞在《荒原狼》裡，提及人不是固定的形象，人更像是一種試驗，一種過渡。人不過是自然和精神間，一座狹窄且危險的橋樑，是一種遙遠的，既被期望又是可怕的可能性。

往前走到河旁的的三米路上，他走了一小段路後，發現屁股有東西，好像是蛇在蠕動，他嚇得抖動身體，要將東西抖掉，他看見地面是三條鱔魚，在雜草之間亂跑。他想要蹲下來，抓住那三條鱔魚。

但是蓑衣跟他同樣高度，硬梆梆的，他根本無法蹲下來。他看著那三條鱔魚，穿過雜草間後鑽回小溪裡了。他好奇看著牠們，不解牠們怎麼知道往有水的溪邊跑，如果牠們往三米路另一邊，是一疊麻布袋，如果牠們鑽進麻布袋裡，牠們就跑不掉了。

他穿著阿公的蓑衣。他決定放過那三條鱔魚了。

（B面）

他穿著阿公的蓑衣，要從田間走回家。

他記得阿公幫他穿上這件蓑衣時，還說這件蓑衣是他特地託人，從斗南鎮石龜溪那裡買到的。它是用棕櫚葉柄做成的，可以保存很久不會腐敗，而且冬暖夏涼，在日治時期，還一度是管制品。阿公說，這件蓑衣以後可以傳給他。

要回家，他走了好長的路，他都選擇有積水的路走過去，他穿著阿公的蓑衣，走在田間三米路。後來覺得好累，他就站在路旁休息，一群白鷺鷥在不遠處，只要有一隻飛起，其它的就跟著飛起來。他看見牠們起起落落，就像人生的起落，不過，當時他四歲，沒有想那麼多。

赫曼‧赫塞在《荒原狼》提及在文學創作裡，專家和內行人評價最高的是戲劇，因為戲劇為了表現自我的多面性，提供了最大的可能。人是由上百層皮殼組成的洋蔥頭，是由很多紗線組合成的織品。

他是被白鷺鷥的大便叫醒的。

他竟然站著，靠蓑衣撐住他，就這樣站著睡著了。一隻白鷺鷥從上空飛過去時的大便，正好掉在他頭上，將他敲醒了。他走到小溪旁，打算趴在三米路旁，頭向著溪邊，他要用溪水洗掉頭上的鳥糞。

蓑衣剛好蓋住他的全身，硬梆梆的他很難趴下來，只好算好距離，用力撲倒地上，趴了下來，再以胸部為軸旋轉，將頭轉到溪岸邊。當他頭低進河水裡，正要伸手潑水清洗頭上的鳥糞時，他突然想到，村裡阿明仔曾說過，被天空中飛過的鳥糞滴到，是一件很幸運的事情。

他趴在溪岸，側頭看看右側耳上一吋地方，鳥糞在那裡。他看著就笑了起來，覺得這堆混雜著黑黑白白的，實在是很奇怪的東西。他決定不洗掉白鷺鷥的大便，他想要走回村子裡找阿明仔，問問他，會有什麼幸運的事情？

如果隔壁村的阿桃仔，她八歲，願意嫁給四歲的他，那麼這白鷺鷥的糞便，就真的很有價值了。他決定先回村子裡，找阿明後，再去找隔壁村的阿桃仔。他只用雙手捧起河中清水，洗了臉，將一些泥巴洗掉。

他想要站起來，但是穿蓑衣硬梆梆的他，只好先側身將身體伸出蓑衣，然後用力扭轉身體，變成趴在地上後，

再用手頂住地面後撐起自己。

　　愛德華·薩依德在《批評、文化與表演》裡，表示我們生活在艾略特(T.S. Eliot)所說的鏡子裡的荒野，無限地繁衍，卻沒有重大意義，只是一再衍生下去吧。

　　他走在三米的田間路，凹凸不平的泥土路，只要有土的地方，他一定直接赤腳走過水灘。他穿著阿公的蓑衣，他要趕路去找阿明仔，問他是不是可以去找隔壁村的阿桃仔，問她是不是可以嫁給他？

　　快要走出那條三米路，要轉進另一條五米路前，他遠遠看見阿桃仔走過來，他突然不知道該怎麼辦？他還沒有問過阿明仔，真想整個人躲進蓑衣裡，就可以先避開阿桃仔，再去找到阿明仔。

　　阿桃仔直接走到他旁邊，問他要去那裡？他阿公叫他穿蓑衣先回家。阿桃仔看見他頭上的鳥大便，就直接拉著他，抱著他倒下來，讓他趴在溪旁，她用雙手捧起溪水，幫他將頭上的鳥大便清洗掉。他看著溪水裡的混亂水波，她和他不斷地變形扭曲的臉孔。

　　赫曼·赫塞在《荒原狼》裡，提及荒原狼內心完全知道，什麼東西才能使牠快活。孤獨在草原上馳騁，不時地吮血，或追逐一隻母狼。從狼的角度來看，人的行動是可笑且狠狠，愚昧卻自負。

　　洗好後，她站起身，抓住他頸後的蓑衣領子，把他拉起身。她幾乎是抱著他，在那時候，他竟然是如此痛恨蓑衣，厚厚地穿在他的身上。

火柴有多少自由之火，這需要多少神秘？

（A面）

　　沒什麼，就只是一個關於火柴的記憶⋯⋯

　　他阿公左手拿著火柴盒，正面是黃色的商標，多年後，他知道上頭除了一根火柴的圖案之外，還寫著：「自由之火」。當年，他當然不知道這幾個字的真正意義，雖然後來他也不是真正的了解，人到底可以有多少自由之火？不過這麼說，就是採取它的象徵意義了。

　　愛德華・薩伊德在《兩個文化之間》的訪談裡，提到英國長篇小說《魯賓遜漂流記》，如果不了解當時帝國的探索，就無法了解這部作品。當魯賓遜離開英格蘭，發生海難後，發現自己就身陷在孤島，這座荒島就成為自己探索一切事物的主宰。根據史家的說法，英國長篇小說正式開始於十八世紀早期，例如狄福(Daniel Defoe)這樣的人寫出《魯賓遜漂流記》。重點是，承先啟後，是跟帝國主義的傳統有關⋯⋯

　　但是他阿公要做的是，每天都要拿火柴，點亮一盞茱油籽燈。這個茱油籽燈專門放在公媽神主牌前。

　　至於費滋傑羅，就在《夜未央》裡，毫不猶豫地安排了一場晚宴，在燭光裡，露絲瑪莉聽著狄克談論電影圈裡的事，她的眼睛很有禮貌，永遠看著他的臉。但是她的心思，卻絕對在別的地方。露絲瑪莉知道狄克一定猜得出這

心思的事實。

他阿公從外頭工作回家，常常是天黑了。他阿公放下鋤頭和其它工具後，第一件事情就是，從神明廳的某個地方，拿出火柴盒。他阿公從不讓他看見，火柴盒放在什麼地方？

他五歲多，曾經在白天，家人都不在時，搬椅子爬上神明桌上，要找出火柴放在那裡？但是都找不到，火柴盒在那裡？這就變成一件很神秘的事了。

看見他叮著火柴盒時，他阿公總是露出一副神秘的微笑，好像說著，你不知我把火柴盒藏在什麼地方？他並不是常常想要知道這個問題，只是有時候，一個人在曬穀場，看久了那幾隻雞，無所事事，覺得無聊時，尤其是當他在屋簷下，坐在地上，不想跟那三隻公雞一樣，躲在陰影下打瞌睡時，偶爾他就會想起，去找找他阿公把火柴盒藏在什麼地方？

他都在等阿公回來，想偷看他阿公到底如何拿到火柴盒？因為阿公在工作回家後，第一件事就是點亮公媽神主牌前的那盞茱油籽燈。他就是無法看到阿公到底把火柴盒放在什麼地方？

阿公很小心地將火柴盒的內盒往一邊推動，內盒就露出裡頭的木柴梗。有時阿公推出來的那端是火柴頭，由於手碰到火柴頭時，手的濕氣可能讓火柴不易被點燃，阿公馬上把這端推回去，再往另一邊推後，露出火柴梗的這端。

　　《夜未央》的晚宴正熱鬧著，露絲瑪莉一個一個看著，她看著圍著桌子的每個人，她很高興每個人都是愉快的表情，她在他們的臉上，看見了自己的未來。桌上一大碗香料和粉紅香檳發出柔光，映在妮可的臉，是一個聖女，臉上的光輝穿過燭光中隱約的飛塵，松樹上掛的酒紅燈籠，替她的臉添加了美麗的紅暈。

　　他阿公都叫火柴是「番仔火」。從盒裡拿出一支火柴後，又將內盒推回原來的位置後，用食指和大拇指捏住火柴梗的尾端，火柴頭是在掌心之間，這樣子就用整個手掌護住了火柴。他阿公拿著火柴，再從上往下劃過火柴盒旁邊黑色的部分，有時候只是冒出一點點白煙，但是沒有起火，有時有了火苗，但是白煙多了些，不過，很快火就滅了，這會將粉紅色的火柴頭燒掉一些。

　　他阿公會先看看，只要還留有粉紅色的部分，他阿公就會再試著起火，這時候，他阿公的表情就會更冷靜。這就得靠運氣，靠運氣的事就只能冷靜了，這是他對他阿公的印象，因為只剩下一部分火柴頭，有時候就算起了火，不一定能夠將火柴梗燒起來。如果無法燒起火柴梗，那也是無用的起火，一下子就會消失了。

（B面）

　　沒什麼啦，只是一根火柴的故事，真的，甚至談不上是個故事。

　　他看著他阿公右手掌心裡的火光，那是爲了要用手掌圍起這火光，是火的堡壘，因爲在神明廳裡，通常大門會開著，有時風會突然闖進來，需要這種方式撐住火，以免風吹熄火。

　　他阿公將火柴起火後，慢慢移動手臂，要移動到公媽神主牌前，荣籽油燈上的燈蕊。火光乍然點亮後，很快地沿著木頭梗往上燒，火光被圈在他阿公右手掌圈起的空間裡。

　　他阿公每天都用「番仔火」，來點亮公媽神主牌前的荣籽油燈。

　　愛德華・薩伊德在《兩個文化之間》的訪談裡提到，1918年，少數歐洲強權控制了百分之八十五的世界，那是一種歷史經驗，也變成了我們想像的經驗的一部分，他是指出來：經驗就存在某處，我們要如何處理對於這些經驗的想像呢？

　　他阿公在回家後的第一件事，是去點這座荣油籽燈，因此油燈被點亮前，神明廳是黑暗的，就算月亮光折射進來一些明亮，他每天都在等待阿公回家，也在等待火光初起，在他阿公手掌心間，所圍起來的亮光。那亮光將他阿公手掌心的血管照得很清楚，那是一種奇特的經驗。

　　風是很難靜止的，就算皮膚沒有感受到風，火柴燃起的光，對於風特別敏感，因此空氣中流動的細微的風，仍讓火勢有飄搖的感覺，加上需要移動到荣油籽燈前，點燃燈心蕊，如果移動太快，有時候火會被移動的風吹熄，只

要看見白煙從他阿公的手掌心間出現，就表示這根火柴已經陣亡了。

費滋傑羅，就在《夜未央》裡燃燒著複雜的人性，或者是簡單的人性。螢火蟲在黑暗中飛來飛去，遠處岩石上有隻狗淒涼地吠叫著。餐桌好像是有機關的舞台，朝天空上升了一些些。圍坐一起的客人們，覺得他們彼此在黑茫茫的宇宙中，只有餐桌上的飲食提供營養，只有餐桌上的燈光提供溫暖。

他看著他阿公慢動作的手，小心地呵護著那小火苗，他會緊緊盯著那團火光，很怕風一陣來，將火吹熄了。雖然可以再重來，但是每次都是讓他很緊張。

油燈亮後，他看見牆壁上，有他阿公的阿爸和阿母的黑白畫像，另在他阿公的阿母的旁邊，是他阿嬤畫像。他不曾看過活生生的阿嬤，因此對於牆壁上，這三幅黑白穿著唐裝的畫像，有一股茫然，帶著畏懼的感覺。

點燃公媽神主牌前的菜油籽燈後，他阿公再從神明桌上的一個紅色長紙袋裡，抽出三支老沈木香，再另點燃一支火柴，將沈木香點燃後，讓沈木香上的火燒一會兒，確定沈木香己點著了，再用嘴巴吹熄沈木香上的火。沈木香只有冒著白煙，他阿公拿香拜拜後，將香插在神主牌前的香爐後，再徒手拜了三拜，然後，頭轉向牆上看那三張畫像一眼。

《夜未央》的晚宴突然散席了，把客人們從杯盤交錯的歡樂，提高到感懷的更高境界。客人們還沒有冒犯地開

口，還沒有認清已到了那個境界時，晚宴便忽然結束了。

後來，他才知道火柴盒藏在什麼地方，那是他的偉大發現，但是他沒有跟他阿公吐露這個秘密。

有一次，他阿公回家後，拿了火柴點亮茱油籽燈後，他看見他阿祖的畫像下，那張凳子上有他阿公的腳印，是濕的腳印，有田裡的泥巴。他得意地認為，火柴一定是放在他阿祖的畫像後。

雑 文

什麼是創傷經驗：幾個想像和比喻

摘要：

　　所謂創傷經驗，是相當複雜的內容，尤其是在生命早年的創傷，如何被描述是件需要重複再重複的過程，「我小時候被父母虐待」這句話，並不足以說清楚那些片片斷斷的經驗。作者以中子撞擊產生更多粒子的景象，和小說《小王子》爲例，嘗試說明臨床上經歷創傷經驗者，在後來人生的複雜現象。

　　從某案例的心理治療片段（爲了保密原則，個人資訊有所調整），來談談一般心理學裡認爲的創傷和深度心理學的創傷之間，有什麼樣的差異？以及這種差異在看待和處理創傷經驗時的不同方向。本文所指的「創傷」是以生命早期的創傷經驗爲主軸，不論這些創傷是起於外在現實環境或內在心理想像。

　　某年輕男個案，在前三個月的心理治療裡，他大都談論從小他是如何被父親虐待責打，甚至父親要他責打教訓弟妹。幾乎每次的會談內容，都是描述童年被虐打的場景，同時也談到他因此在學校裡無法和其他同學交朋友。雖然他覺得自己一直有一兩位好同學和好朋友，但是他覺

得別的同學都排斥他。後來畢業至社會工作後，同事也都
會排斥他，雖然他很努力壓抑自己，配合同學和同事們，
但是後來他們都說，他太敏感了，或者私下說他不好相
處，好像所有人都欠他錢似的。大家都受不了他，不知道
他到底要什麼？不過，此刻他這麼說時，治療者可以明顯
感受到，他並沒有接受同學或同事們私下的說法，他覺得
是他們排擠他、孤立他，讓他無法發揮能力。

　　某一次，個案氣沖沖走進診療室後，馬上抱怨前天應
徵工作時被拒絕了。他起初是以疑問方式發聲，好像要聽
治療者的意見，例如是否做人要坦白？治療者不了解他的
話意，請他再多說一些，他說他原本很猶豫，在應徵工作
時是否要跟對方說，自己的生病和接受心理治療的事。

　　他說，沒想到每次應徵會談後，對方都說如果有錄
取，一個禮拜後會另行通知，但是結果都是沒有回音。他
再度以疑問句方式說，不知道要不要坦白？但是很快接著
說，他不想做個欺騙者，然後再給自己一個很肯定的結
論，說他還是要坦白，覺得這樣子才對得起自己。他再度
說沒必要當個說謊者，並再度問治療者，是不是能給意
見？他又說不喜歡記憶的拉拉扯扯，覺得自己應該說實
話，不喜歡說謊。

　　他很快又說，還是回到正題吧，好像剛剛說的事已經
解決了，或者他已經有所決定了。他接著再度說，最近他
和父親的互動。他說他在生病以後，父親對他就比較不會
那麼強烈責打了。他先沈默了一會兒，開始像小孩般說

著，他在小時候是如何躲在角落，避免父親拿著棍子責打他。他似乎無法再說下去而沈默，後來又說，半年前他曾去堂弟家，因為父親叫他去跟親戚拿一項重要的物品。

他住在堂弟家一晚，晚餐時堂弟請他在外頭餐廳吃飯，也喝了一些酒，堂弟談到對婚姻的挫折，透露著不滿。他覺得自己根本幫不上什麼忙，晚上他睡在房間聽到隔壁房堂弟和弟媳在吵架。他根本睡不著，這讓他想到小時候的場景，他很想衝出去，但是他覺得很害怕，一種說不清楚的害怕。他只記得自己一直想打開房門，叫堂弟和弟媳不要再吵了，他受不了了，但是他並沒有開門，他也不知道自己是什麼時候睡著了。

如果只就會談內容本身來看，那一個話題比較重要呢？這種比較有意義嗎？如果沒那麼有意義，何以個案在談當前的困局時是如此方式呢？通常比較何者較有意義，這個命題是依據「現實原則」而做出的比較。例如，是否要坦白到底？要如何回應呢？因為就現實原則來看，已預測了坦白是好的、良善的，但是如果已知現實是如此，他也依照自己的原則做了，何以他需要再來詢問治療者呢？目的是什麼？要治療者同意他的做法？

但結果是，他認為是自己的坦白，讓他找不到想要的工作，這也是另一個現實，但既然都是現實，他的選擇基礎是什麼呢？表面上是選擇要坦白做人，卻因此找不到工作，那麼他到底要什麼呢？可以馬上推論，是他不想要工作？有這麼簡單嗎？因為個案不太可能同意這種推論，他

是期待雇請他的人可以接受他的坦白，這是美德，而且承受風險接受他，雖然他遭遇困境了，因為社會現實不是依照他所期待的方向，那麼他的堅持是，為了保持著什麼嗎？或者為了保持自己的存在感，但這句話是什麼意思？雖然幾乎是大家都熟悉的字眼，「保持自己」和「做自己」。

不過，愈多的困惑就意味著更多的不了解，例如，他好像自己有解決方法了，卻偏偏是走向困局，讓他生活和工作上處處碰壁。到底是什麼在左右著他的決定呢？只是表面的「做自己」，要坦白嗎？只是何以在此事上堅持坦白呢？難道他果真所有的事情都能做到坦白嗎？這相當困難吧。

他既然堅持，當然有它的意義，這裡所謂的意義，是指可能另有不自覺的心理動力，作為推力左右他的決定。雖然這只是假設，而且是不自覺的動力，因此當然無法馬上有清楚的答案，不過先開始如此假設，也許才有機會在表面的層層困惑裡，逐步找到能夠更完整的解釋，何以會發生眼前這些事的緣由。

以這個案的實際反應來看，如果他真的覺得需要治療者給他建議，是否要對雇主坦白自己的疾病和接受心理治療的事，個案卻在還沒有得到治療者回應答案的情況下，突然轉至談自己如何被父親傷害的話題。表面看來是不同問題，一是最近發生的事，而父親傷害他的事，是個案所說的他生命早期的事，如果從時間軸來看，這是兩件不相關的事，但是個案緊接下來談，只是時間上的機率，或者

兩者之間可能另有其它相關的內容呢？

是否他的問題不只在以往的故事，而目前正面臨的問題是重要的，但是重要的意思是指什麼？指治療者馬上給予建議嗎？或者有什麼方式來表示和呈現眼前，申請工作裡有困局的重要性是什麼？或者這些問題之間都有它的相關性，只是這種相關性不是外在明顯的因素，而是某些內在心理因素的整體投射，但這是什麼意思呢？

如果再仔細感受這些早年創傷的個案，在臨床上或者他的生活上所遭遇的問題，只要再細聽的話會逐漸發現，個案無論在生活上和診療室裡的反應，常是很容易變成他是受害者，而其他人是他生命受挫的加害人。個案常將自己眼前的困境，歸咎於生命早年重要客體對他的傷害，至於後來生活上所遭遇的其他人，雖然在陳述他的問題是別人待他不公平，而不會很快以對方是「加害人」這個詞語浮現心中，作爲描述他和周遭人物間不自覺的關係。

如何解釋這種不自覺的現象呢？直接的想法是，以前的問題好像化整爲零，零散卻又重複出現在目前生活裡。個案可能覺得某些眼前問題和以前的創傷遭遇有關，但是對個案來說卻呈現失聯的狀態，因而不會覺得某些現在問題和以前創傷可能有關，然而生活上卻到處是自虐虐人的景象，包括在診療室裡也出現類似現象。

這種很難了解眼前問題和當年創傷的關係，涉及了它們之間是什麼樣的關係，是直接的因果關係？或者是很間接地相關而不必然是因果關係？由於隨著時間的演變，已

經很困難找出它們之間的直接因果關係。由於早年創傷後，隨著時間的演變，其間可能發生不少事情，就好像有了一座又一座山，位於早年經驗和後來的問題之間，使得後來很困難一眼就看清楚它們之間的關係。

但是我們如何達成了解呢？有了解的可能性嗎？以及何以困難了解？如果我們說創傷讓個案難以承受，但只是如此嗎？是否另有其它心理機制存在，讓個案的確很難經驗感受到某些目前生活的難題，也有當年問題的影子？精神分析曾有螢幕記憶（screen memory）的說法，假設當年的某些記憶不再是完整的事件記憶，而是散成一個島一個島般的記憶，每個島記憶幾乎已經和另一個島記憶之間失去了連結，變成了不相干的事件記憶了，甚至很多島狀般記憶只是某個片段，幾乎很難直接了解它的真正意義，需要進一步的分析才有機會推論它的意義。

例如，佛洛伊德在1900年的文章，《里奧納多達文西和他的童年記憶（Leonardo da Vinci and a Memory of His Childhood）》，其中提到達文西小時候的某個片段記憶或幻想。一隻鳥飛到躺在搖籃裡的達文西旁，那隻鳥以尾巴撐開他的嘴巴。佛洛伊德以埃及神話及達文西個人生活資料和文獻，進行很曲折的分析，推論達文西和母親的關係，探索達文西作為科學藝術家的特質和他的性心理狀態。不論是否同意佛洛伊德的分析結論，這是佛洛伊德展現功力，從現有零散的幻想和記憶去回溯童年的記憶。

這是「回溯」或是重新「建構」童年的記憶？也許就

看兩個名詞的精細定義了。如果說「回溯」是有材料在原地，而記憶只是帶著人回到那裡，至於「建構」，則是具有以後來的因素影響，對於當年故事的重新打造之意。不過這種打造，除了以目前的狀態和情感為基礎，也會有一些當年的蛛絲馬跡作為基礎，一如佛洛伊德在達文西的童年記憶的分析。

不過，我們可以疑問的是，到底是什麼因素讓早年的記憶變成這般狀態，而需要藉由這種方式來推論分析，並加以建構？也許可以從生物學的腦部發展和機能的角度，來說明記憶的特色；或者從佛洛伊德所架構的精神分析經驗來說，或許當年的某些創傷經驗的受苦，讓這些記憶變得破破碎碎，好像是不相連繫的事件記憶。這個創傷和記憶的假設，雖然容易了解，但是仍需要面對臨床工作時的挑戰。這個挑戰出現在一個英譯詞上所帶來的理解困境，例如，deferred action（延遲行動）這個詞的問題。

起初這個英譯詞是來自佛洛伊德原文Nachträglichkeit，如果直接從英譯來了解，以生命早年的創傷經驗為例，好像是意味著當年的創傷經驗，就留在某個地方或記憶裡，但是沒有反應出來。好像那些創傷經驗是一座活火山，直到後來以症狀或其它問題而浮現時，是一種延遲的行動。但是這個理解，跟診療室的臨床經驗是有所不同的，因為從長期的分析治療的經驗裡，個案對於早年創傷事件的說明和解釋，可能會隨著時間而有不同的情節，這些當年的情節，有時甚至是相互矛盾的內容，但是個案卻不覺得他

們有矛盾。

如何解釋這些現象呢？何以個案說了不同情節的當年故事呢？常常不是意識上刻意如此，而是潛意識裡可能有個共同的基礎，個案只是站在這個基礎上，捕捉談話當時浮現的想法，或者個案當時對治療者的移情，也可能不自覺地影響個案，修改了當年故事的樣貌。一如佛洛伊德提過的，當事者在夢醒後，想到要把夢告訴誰時，那瞬間，夢的內容就被修改了。

這種事後隨著某些因素的影響，對當年的記憶和故事有不同的觀點，是法文「事後解釋（après-coup）」，對於德文Nachträglichkeit的詮釋。從長期個案臨床經驗來說，這種事後解釋當年某記憶和故事的現象，是一種臨床現實，至於延遲行動反而和臨床經驗是有距離的。也就是說，不是當年的某種創傷記憶，被保持完整地留在人的記憶裡，只是先被壓制著，然後在往後的日子裡，某種時候那些創傷經驗才冒出來。雖然就意識上來推論，這種延遲行動的論點，好像比較容易想像和了解，但是如前所述，這種說法反而是和臨床經驗裡，個案對於早年創傷的回憶和陳述方式是有所距離，這是臨床現象，如何解釋這種現象呢？

例如，回到前述這位經歷早年創傷的個案反應，何以他先談了最近生活上所遭遇的不公平感覺，然後又轉到談論早年的經驗，好像他開始時的話語內容，被當作是不重要的呢？這種不重要的感覺有可能起源於，個案覺得最近發生的事情，並不是治療者可以幫上忙的事，因為他可能

覺得，讓治療者知道他的早年創傷經驗是更重要的事，不過我們細想一下，對個案的生活來說，眼前所遭遇的困境不是更重要嗎？也許這種何者更重要，是意識層次的計算在裡頭，因而個案會談論他認為比較重要的部分。

　　從這位個案的反應來看，他在談完最近的生活經驗後，卻好像那是不重要的話題，然後告個段落，開始談比較重要的事。個案談論最近的事和過去的事之間，的確顯得有所不同，因為他反映出來的是，談論當年的受創經驗是更重要的事，這很容易讓治療者不自覺認同個案，以為真正的問題不是在最近的生活困境，而是在這次會談裡再度描述的當年類似的故事。

　　個案談論的當年創傷的故事，早就說過相當多次了，重複的談只是為了反映，那是很重要的事嗎？或者這種重複談論相同的事，另有其它的意義呢？或者個案不覺得他有重複談相同的事，他是否覺得每次所談論的是不同的事？或者個案覺得治療者無法了解他，因此重複說，是為了要讓治療者有所了解？但是每次來時，都覺得治療者沒有聽進他的故事，因為治療者的回應還沒有讓他覺得，治療者真的是了解他？

　　甚至在這種互動裡，治療者會逐漸感受到，個案的重複述說好像是在表示，治療者並沒有幫上他的忙，甚至覺得治療者可能是故意不給他答案，讓他可以有所依循，因此他才沒有先談，其實更想要的建議是找工作所遇到的問題，同時，覺得治療者根本是故意不給他答案，故意不幫

他，或者覺得治療者是在迫害他。臨床上，那些早年受創傷的個案是常見如此想像，個案漸覺得他在治療者面前，他是受害者，被壓迫者，而治療者就像他找工作時被不當對待的那些人。

個案的問題其實散置生活各處，但個案不認為這些是他的問題，而是來自別人的虐待。他不覺得是自己的問題，因為所謂創傷經驗並不是如一般意識所認為的，是記得的那些往事本身，而是當年創傷後，零散錯置生活裡的因子持續發揮實質的作用，這些作用仍發生在目前和眼前的生活實境裡，個案卻相對忽視這些情況，反而更強調自己的真正問題是和父母當年衝突的故事。

眼前是如此受苦，會談內容卻先談不重要的往事嗎？最近發生的事讓他挫折，卻好像被說得不重要的樣子，也就是，目前生活上的問題也發生在眼前的會談裡，只是這會被忽略視而不見，因此問題持續存在，但是個案卻處於他是受害者，處於自己是坦白者卻被處罰的心情裡。當受害者的心裡變成以坦白者自居時，卻妨害了真正地認識自己問題的機會。

偏偏這是相當困難被個案了解和深入經驗的現象，其中最困難的也許是，他不自覺地認同了生命早年的攻擊者，然後將那些經驗投射到周遭的其他人，讓他的同學、同事和治療者，都在互動過程裡很快地變成加害者。只是治療者卻更覺得自己是被個案剝削的，也就是說，治療者覺得自己為受虐者，但個案仍會以為自己是無辜的受害

者。好像很容易了解這些話，但在臨床治療裡，卻是相當
不容易被接受的說法，常常就算個案口頭接受這種分析，
他們所呈現出來的反應更像是，這些事根本是不相干的
事，是不一樣的事。因此難以思索，生活上發生的問題之
間有它們的關聯性。

　　也就是說，個案常常很困難接受或經驗，他後來和同
學、同事和治療者的關係裡所遭遇的困境，有部分也是他
引發的問題。個案更困難理解這些後來的關係裡，有自虐
虐人的課題，好像是當年受創的遺跡。個案卻常覺得他跟
周遭者的互動問題都是不一樣的，個案甚至可以舉出很多
例子來說明，他和不同同學之間是不同的問題，如果有類
似也是對方的問題，都是對方害他無法好好過日子，因此
覺得這些不同同學、不同同事之間的類似問題，可能只是
治療者的歸納法，因為歸納法的本質是挑出其中雷同的內
容，但個別事物本身除了共通處之外，的確還有其它個人
獨特的部分。也就是個案強調他和他人之間是有不同的問
題，好像每一個人的問題都是不同的，因此當治療者以歸
納方式，得出這些不同關係間的類似性，期待個案可以從
這些類似裡找出共同問題，然後可以舉一反三改善問題，
個案卻反而強調其間的不同及其獨特的性質。

　　這是怎麼回事呢？不容易回答，不過先試著描述這個
現象。如果試著以其它模式來對比，思索這些臨床現象來
回推並假設，是否早年的某種創傷經驗，並不是以一般預
期的，整筆一起的方式存在？臨床可見個案常是在很多方

面，呈現目前眾多問題跟當年創傷經驗相似的現象，個案卻覺得那些是不相干的事情，但是治療者的觀察和歸納，卻覺得個案的目前問題和當年的創傷經驗有所關聯，是否後來的各式經驗如同中子撞擊器那般，將創傷的經驗撞擊成更多的粒子散置各處後，這些散居各地的粒子，如同早年同一家庭的小孩被分到不同地方，後來大家都有各自的命運，雖然後來可能發現他們之間有某些共通點。

也許是某些不自覺的共通點，讓個案會不自覺地陳述這些問題和事例，讓前述這位個案在談論他和同學及同事的困境時，治療者會覺得這些乍看是不同問題，其實它們之間是有某些共通處。個案的不自覺和覺得有所不同，是因為這些乍看相似的事例，就像散居各地的小孩長大後再見面，不覺得他們是來自同一個家庭，個案會覺得那些由某個小分子所引發刺激出來的問題，是別人的事情。

這個中子撞擊的模式，是要說明創傷經驗的假設。生命早期所經驗的創傷，隨著時日的演變，這些經驗有如被中子撞擊後散於各處的粒子，這些被撞擊後分散的粒子，可能變得相互之間失去了共同來自一處的經驗了，隨著時間，加上後來的解釋和觀點（事後解釋apres-coup），可能像再次撞擊原來的粒子，而再次散成更細小的粒子。後來的每個新解釋，都是一次新撞擊，如此，粒子愈來愈細小，變得離原來的經驗愈來愈遙遠，離原來的起源更遠了，因而更難察覺到它們之間的相關性。

這模式也許可以解釋，何以個案回頭說出當初的故事

後，仍無法解決他的問題，因為原來的故事，也被後來重複的不同經驗而修改過，如果從前述的中子撞擊後的粒子模式來思索，意味著治療個案的療程，就不再只是說出當年的故事而已，雖然這是催眠術的宣洩技術（catharsis）以降的期待，只是這期待和臨床經驗不太相符。

臨床經驗上，個案談了當年創傷經驗的細節後，不必然即會明顯改善，如同前述的男個案，在這些經驗下，他後來的人生經驗裡，如同很多粒子散居各處，也就是他出現問題的地方，是多樣散佈在生活裡的很多層面。例如，和同學同事之間的問題，幾乎不是在談了更多當年的經驗之後，個案就會改善目前正在經驗的困境。

如同這個案在會談的過程裡，雖然起初是談論最近在生活上和工作上遭遇的困境，但是個案只是稍微談談這些問題後，即又自行跳至談論當年和父親相處的創傷經驗，好像個案覺得眼前的問題不是那麼重要，更重要的是，當年父親如何虐待他才是重點。在其他個案也常看見這種現象，由於是常見的現象，因此就有它的意義存在著。如果我們推想，何以他會覺得眼前的問題，反而相對地不如早年的創傷經驗重要呢？個案有時甚至覺得眼前的種種問題，跟他後來覺得重要的早年創傷經驗，是不相干的事例，但是臨床經驗來看，個案目前所遭遇的種種問題，甚至會逐漸出現在他和治療者之間，就算他的往年故事愈說愈詳細，眼前的困境仍是存在的。

至於個案對於眼前所發生的種種問題和經驗，如同比

昂所說的beta粒子（元素）的狀態，雖然個案的描述裡有具體的人事物，但是對個案來說，仍是混沌混亂的狀態，讓個案只是投射在其他人待他不公平的事情上。由於這個感覺和想像，對個案來說是全面性的現象，是否如同比昂所描述的，beta元素存在著並散居各處，是令個案難以消化的經驗，或者，另有其它「沒有名字的恐懼（Nameless Dread）」存在著，讓問題難以談論和進一步思考？

進一步談論分析的態度和技術課題。何以分析的技術上，需要佛洛伊德所描述的「自由飄浮的注意力」？因為前述比喻被打散的小粒子，是以不被自覺，潛意識的方式存在，治療者只能在這種狀態裡，逐漸發現每個小粒子，如同法國名著《小王子》故事裡，散於各處的小星球。每個粒子在生活上所呈現的，如同一個小星球，每個星球都有它的命運和故事，這是另一個比喻。被撞擊後的粒子，如同小王子裡的每顆小星球，每顆小星球都有它自己的故事，如同個案生活上出現的不同人生故事，每個故事都像發生在一顆小星球上。

例如，小王子裡第七章的故事，他臉紅了，然後接著說：「假如一個人喜歡在成千成萬顆星星中，像那朵做榜樣的唯一一朵花，他就足夠幸福了。當他仰望星星的時候，他對自己說：『我的花在那裡的某個地方……』但是如果綿羊吃掉花，對他來說，不就像所有星星都突然熄滅了……」

他說不下去了。他突然情不自禁的飲泣起來。夜幕低垂，我的工具從我的手裡滑落到地上。我嘲笑我的鐵鎚、

我的螺絲釘，以及口渴和死亡。在一顆星星上面，在一顆行星上面，在我們的行星地球上面，有位小王子需要安慰！我把他抱在懷裡，我哄他，我對他說：「你喜歡的那朵花不會有危險……我要替你的綿羊畫個嘴套……我要替你的花畫個護身胄……我……」我不曉得我該怎麼說。我覺得自己很笨。我不曉得如何接近，到什麼地方去會見……眼淚的世界非常神秘。」（取自http://petitprince.pixnet.net/blog/post/1317716，並略有修改。）

　　這個例子是要說明臨床現況。當個案在陳述他找工作時的某個故事時，如同在某個星球上述說著自己的境遇。不過在臨床上，我們會想要了解的是，技術如何處置的課題，分析技術裡要做的linking是指什麼呢？詮釋嗎？詮釋什麼？目的是找出成因嗎？或只是新的建構？或者只是像小王子走過了不同星球，各自帶著一些感覺離開，而構成了小王子的整體感受？

　　這個比喻是否就等同於，閱讀小王子在不同星球的遭遇，就像是治療者聆聽個案的陳述，在不同地點，不同人的故事，治療者除了聆聽外，還需要再做些什麼呢？或只是如同故事裡的小王子，只能再繼續往下個星球呢？讀者對書的內容有所感受，如同治療者對個案的故事有所感受，這些感受是否為構成「分析的態度（analytic attitude）」的基礎呢？我是傾向如此假設，以此作為我們想像分析的態度，至於分析的態度外的技術課題，仍是詮釋的技術為主，不過這是另一個課題了。

結論 ：

關於創傷，一般人常以為早年的創傷，例如受虐經驗，是一個完整可以被描述的經驗，在這種假設下，會推論只要說出當年的創傷故事後，個案即會有所改善，但是臨床所見的結果卻常不是如此，反而是後來持續干擾他們的問題，散在生活的多重層面，和家人、同學、朋友、同事等之間都會出現類似的問題。例如，對方到後來都會覺得被個案虐待，而個案卻覺得被其他人虐待的經驗，這些都是個案很難相互聯結的故事，讓這些後來生活上的故事更像是零零散散的干擾。

針對這些現象，在佛洛伊德談論精神分析技術相關的文章《記憶、重複和修通(Remembering, Repeating and Working Through)(Further Recommendations in the Technique of Psychoanalysis II, 1914)》裡，描述當年的真正記憶，不是在說出故事的記憶裡，而是在他後續的行動裡。例如，不自覺地出現在和治療者的關係裡。本文進一步以中子撞擊後的現象，來比喻早年創傷經驗後續出現的零散模式，無法以一眼即可看清的方式了解，這些被撞擊後散居各處的經驗，如同有了自己的命運，而在個案生活裡呈現不同的樣貌。本文並以法國小說《小王子》的故事，來比喻面對這些臨床現象時，治療者的分析態度和想像。

創傷經驗裡「沒有名字的恐懼」是什麼？

摘要：

莫名的不安或莫名的恐懼，是臨床上個案常會提到的話，這是什麼意思呢？因為沒有名稱所以不重要嗎？如果不重要，何以在不同的個案常出現這些說法呢？如果很重要，何以又常是以被輕輕帶過的方式說出來？這裡頭蘊藏著什麼複雜的動力呢？

本文所指的「創傷」，是以生命早期的創傷經驗為主軸，不論這些創傷是起源於現實上重要客體的虐待和忽略，或者可能是起源於當事者心理的想像。

臨床案例：（個人隱私的訊息有所調整以保護私密）

個案來心理治療第一次時，表達自己多麼需要心理治療，但也同時表示如果有了工作後，不知道是否會和來治療的時間衝突？個案花了不少時間談論，她近來和父親常爭吵的一些細節，自從母親前年生病過世後，她跟父親的爭吵愈來愈強烈，她說自己很想搬出去自立，但是又覺得仍然無法做到，因而沒有實質行動。

以前的工作總是難以維持長久，覺得那些工作都不是她想要做的，雖然一開始都覺得是自己期待的工作，但是

做沒有多久，她就漸漸覺得這不是自己要的工作，甚至覺得那工作本身和同事們都只是剝削她、利用她，讓她更覺得生命的意義在流失，因此她就不想再去工作。通常直到某些時日後，她才又覺得該是去工作的時候了，但她覺得自己無法說清楚，是什麼因素讓她覺得該去工作？

但是在母親過世後，她就幾乎不再去工作了，這也是她和父親衝突的原因，父親頻頻要她趕緊出去找工作，她表示母親的過世太令她意外了。那天，母親早上還好好的，她在工作時突然被父親通知，母親過世了。她一直不知道那是怎麼回事？好好的人怎麼會突然就死掉呢？後來有一度，她常上醫院檢查身體，擔心自己的身體是否有還不知道的問題。

相關身體檢查都正常，近來較少去檢查了，因為很多醫師都告訴她，她沒問題。她說自己記得不同醫師的不耐煩表情，就算是有笑容的醫師，她也可以看得見笑容背後的不耐煩。她仍難以完全相信自己真的沒問題，但也覺得可能只是自己太擔心了。沈默了一會兒，個案說她已經不再那麼擔心，自己身體是否會出問題了，然後再度沈默了一會兒，個案好像對自己說話，輕聲表示不知道到底怎麼回事，自己一直處在莫名的不安裡，她再度沈默。

接近該次治療時間結束前，個案說，她晚上都不能好好睡覺，她說半夜都會起床好幾次，耳朵貼著父親房間的門，要確定父親是否還有打呼聲？她擔心父親也會突然死掉，雖然她很痛恨父親，因為父親在她小時候根本就沒有

照顧她。

第二次治療時，個案缺席了，但事後電話告知，說她的機車壞了，因此無法前來治療，又問治療者，是否這週還有別的時間，她希望治療者能夠補給她這週的治療。治療者先說下週時間，她說太久了，但是治療者提供本週其它時段時，個案卻從那些時段裡，選出本週五最後的下班前，顯示著她要治療，卻又同時拖延的反應。

何以個案在描述自己的遭遇後，但在另一個話題時又說，不知道為什麼會有一些莫名的不安？何以先說了一些事，呈現前因後果的生活事件，卻在沈默後突然變成說，她有某種莫名的不安？是她一開始說出的，覺得知道是什麼原因的那個問題，造成她的困境？還是這些說法都只是在攪亂真正的問題？

在她的心智裡，那些已知有原因、有名稱的問題，到底對她的生活帶來多大的影響？是否真的如她所說的那般受苦呢？或者她可能另有所苦呢？她「擔心」身體有問題不只是擔心，而是她「確信」會有不治之症沒有被提早發現，因此就算目前的身體相關檢查都是正常的數據，仍是難以說服她自己的擔心和恐懼。這種現象是否意味著另有一種恐懼，而且這種恐懼是無法以現實來說服的，也就是說，它很強大，無法以現實合理的理由來說服她；這是恐懼死亡嗎？或者是一直想死呢？

表面上也許恐懼死亡是一種可能性，一如她說擔心父親突然過世，雖然她是痛恨父親。但是，如果這麼清楚原

因，何以無法被現有的身體檢查結果所說服呢？她的擔心是指向未來的擔心，但是這些擔心只是指向未來嗎？或者也有可能是指向過去呢？或者這種指向未來的擔心，是眼前有不被看見、不被感受到的擔心正在發生？如果是指向未來，我們可說她是預期和擔心，如果是指向過去，那是什麼呢？何況我們也假設個案目前的問題，是跟她早年的經驗有關，只是有關的細節是什麼？

既然只是假設，我們就無法以知識「答案」的方式硬要塞給個案，是否重點在於如何讓這種恐懼的可能性有機會能被「經驗」呢？也就是說，如何在個案對於治療的矛盾心情下，能夠有機會繼續往前走呢？尤其是個案在她愛恨交織的情緒下，不只對她的父母，也包括她對於自己身體的矛盾情緒。

從另一角度來說，她的身體在此刻好像是一個平台，呈現了她對於身體的不放心，甚至她自己的身體像是迫害者，以默默的方式，讓她難以安心的方式，長出一堆難以治癒的疾病，讓有個被覺得是「她」的自己被自己的身體毀滅掉。

個案通常不容易了解，身體是以潛在迫害者的方式，成為她的矛盾心情的平台，但是身體本身無法如大腦般思考，也許心理治療的診療室是另一個平台，有機會讓她的複雜情感被呈現並且被思考，只是這需要一個過程。對於這個過程我們可以有什麼後設心理學，作為思索的參考呢？關於如何建構個案和治療者之間，可以合作持續往前

走的治療結構平台，當然有不少精神分析家的論點可以作爲參考。這裡的後續思考是指，如何讓治療結構平台不致於陷進，她覺得自己的身體正在吞噬自己人生的那種困境？

以下內容是以比利時精神分析師魯迪（Rudi Vermote）闡述英國精神分析師比昂（W. R. Bion）的論點，作爲進一步思考的基礎。以這個角度來書寫，並不是說以下是唯一的思考方式，只是因爲個人的因緣，在台灣精神分析的發展過程裡，魯迪恰好扮演了一些角色。他數度受臺灣精神分析學會和北市聯醫松德院區邀請來台灣教學，對於比昂的闡述，曾獲得不少聽衆的共鳴。因此以下就在這個架構下提出一些想法，讓我們一起來思索，前述這位小時候蒙受創傷的女個案，到底她在目前的狀況下，還有那些思路可以作爲出路？

首先，需要的是一個可以思考的情境。所謂「可以思考」是什麼意思？要想什麼才是有思考呢？平時大家都會說「在想些什麼」之類的話，這是什麼樣的思考呢？這位個案描述她的問題時沒有思索嗎？或者她的思索和精神分析想像的思索，並不是完全相同的事？兩者想事情的方式到底有何差別呢？如果我們認爲都是思考，那麼精神分析式的思索是什麼呢？只是將現有的精神分析術語，如伊底帕斯情結、原我的衝動或超我的嚴厲，將這些術語搬出來送給個案就好了嗎？如果這麼做，跟催眠式的暗示或建議（suggestion）有何差別呢？以下先談談比昂所提出的一個重要概念「涵容（containment）」。

涵容是比昂的重要概念，它起源於什麼？

她面對父母時的複雜心情，讓她在抱怨父母時說出了不少內心想法，但是她又常說有一些莫名的害怕，她不知道怎麼辦？如何讓這些莫名的害怕，有機會呈現並能夠被述說呢？

魯迪的文章《比昂以批判態度接近精神分析（Bion's critical approach to psychoanalysis, 2011）》裡，他強調比昂對真理的追尋。首先魯迪從比昂的個案「貝克特（Samuel Beckett）」所顯現的天才深度，對比昂頗有啟迪作用；加上比昂本人是戰爭英雄，對於戰爭的瘋狂經驗有很深刻的感受。也許這些因素讓比昂個人有特殊勇氣，以精神分析探索精神病（psychoses）的世界。

關於精神病的世界，也許不必然只是針對思覺失調症個案的思考，而是一些可能幾近於不合乎現實的個案的想法。因為要區分精神病和精神官能症的界限，是個案的想法和行動是否在現實感的範圍內。以這案例來說，她無法接受各種科學儀器和檢查數據的結果，是有些接近不合乎現實的情況了，也許可以說有些精神病的特質了，不過這種說法比較有爭議，因為她的診斷在目前應該會被歸於精神官能的憂鬱症和慮病症，只是就精神分析對於心智世界的描繪來說，這種幾乎可以推翻現實的重複，可以說是瀕臨精神病的思考。

進一步思索前，稍為介紹貝克特。貝克特後來得到諾

貝爾文學獎，重要的作品是戲劇《等待果陀（Waiting for Godot）》和《終局（Endgame）》。貝克特是愛爾蘭人，他是劇本、詩、小說和評論的作家。寫作二十多年，一直默默無聞，倒是深受小說家喬伊斯（James Joyce）的欣賞。直到1953年，貝克特以荒謬劇《等待果陀》享譽全球，並且在1969年獲得諾貝爾文學獎。根據劇評家的論點，貝克特的戲劇開創極簡風格和詩意美學特色，是首位將「沉默」以無聲的方式，具體化為劇場重要語言的劇作家。

　　將無聲的沈默具體化，是什麼意思呢？在精神分析領域，一般人熟知的說法是，沒有被說出來的言語，比說出來的還要更重要，或者說，不論是否有說出來，都是相同重要；而精神分析開展出來的一條路是，也要聆聽那些沒有被說出來的言語。以這個案來說，她說的故事外，也感嘆有一種莫名的害怕，那麼，到底個案所說的「莫名」，是不是指那些無聲的沈默？只是這些無聲是指沒有浮出意識，並且由嘴巴說出來，但是以另一種說話的方式存在，（心聲，而且是不自覺的心聲，這個詞可以代表它嗎？）讓當事者感受到，只是這種聲音可能是當事者難以接受的心聲，因此就變成了莫名的，或者只是感受到一些感覺，但是難以形容這些感覺的內涵。

　　精神醫學史裡思覺失調症的定義，起初就是被定義為思考的障礙（thinking disorder），魯迪認為比昂探索精神病的思考障礙，是進一步聚焦發展「思考(thinking)」的精神分析理論。在這個比喻裡，意味著發動世界大戰是種瘋

狂，就像精神病的瘋狂，有共通的人性部分。也許比昂對
精神病世界的探索，在比喻上是貼近他的戰爭經驗。相較
於比昂，更年輕的後克萊因學派學者約翰史泰勒（John
Steiner）提出了，個案在面對過於巨大的創傷和受苦時，
直接退行到「心智避難所（psychic retreat）」，這種「避
難」的意味，就是帶有戰爭的意義。

　　例如，比昂「對連接的攻擊（attacks on linking）」以
及「涵容（containment）」的概念裡，後者就是直接來自
軍事的用語。在冷戰時期，美國為了圍堵蘇聯共產主義的
擴展和佔領，將未被佔領區和被佔領區之間的地帶稱做
containment。是否這個案以她的身體作為涵容地帶，也許
她另有更深沈的問題，就好像被原我和超我佔據的戰爭區
域，進行著永無止境的戰爭；而身體出現症狀，依據佛洛
伊德所提出的「經濟論」的享樂原則，人為了避開受苦，
潛意識會以相對較少的苦，作為呈現外顯的方式。

　　因此是以身體作為緩衝地帶，畢竟在這個地帶裡，雖
然因有症狀而持續受苦，但是這種受苦作為緩衝地帶，相
對地避免她觸及其它更受苦的經驗。從命名的角度來說，
這些身體的症狀雖然是受苦和畏懼，但是相對於其它更摸
不著邊，無法形容的恐懼，這些身體疾病的擔心和害怕，
至少還有表面的疾病名稱作為處理的方向。雖然臨床上常
見的是，這種乍看有方向的處理，由於是避開了更受苦
的，其它難以命名的經驗，因此個案仍常覺得有一種說不
出來的苦。

　　對比昂來說，在面對精神病般的「難以命名的恐懼」，這個如同被軍事佔領的區域，個體的非精神病的人格部分建構出另一個區域，來涵容這些難以命名的恐懼。雖然個案聚焦於，對身體得到不治之症的擔心，但也是一種中介地帶，只是這個方式雖然解決了直接面對戰場的壓力，卻也帶來其它問題，成為副作用。因此探索這個中介緩衝地帶，能夠開展出解決方案，且不像症狀那般帶來其它副作用，則是精神分析自佛洛伊德以降所努力探索的方向。

　　至於這種說法，現在乍聽起來好像沒什麼特殊的地方，但是如果回到讓人難以了解的精神病狀態，人格的正常部分是如何對應於精神病部分，而能構想出涵容的地帶，作為軍事佔領區和非佔領區之間的緩衝區？光是這個概念的產生就有不少想像，值得被提出來進一步探索了。

　　比昂引進軍事用語來描述臨床現象的潛在意識，並進一步建構精神分析的後設理論，這種引進其它術語來比喻的說話方式，一直是精神分析很重要的事，因為精神分析作為探索潛意識的行業，佛洛伊德一直在引進其它學門的概念，來豐富精神分析對於心智的見解。當從其它學門引進一個術語，就讓精神分析在診療室裡的觀察和發現，和這個術語在原本領域的意義，進行相互比對和相互聯想，進而產生了新的見解。如同我們在診療室的過程裡，前後比對個案所說的內容的差異處，進而產生一些疑問和接續的觀察。雖然比昂認為，要真正了解個案，必須「沒有欲望和沒有記憶（no desire, no memory）」，不過，這是另一

個課題了，因為實情上，治療者一定會有記憶，而且只要有記憶，當然可能帶來誤解。

接下來談談比昂的「涵容」地帶和溫尼科特（D. W. Winnicott）的「過渡客體（transitional objects）」或「過渡現象（transitional phenomena）」 之間的相異是什麼？

如果要好好回答前述疑問，當然需要再深入了解比昂和溫尼科特兩人的整體概念。

比昂、溫尼科特和克萊因（M. Klein）都有關係，比昂在1946年成為克萊因的個案，這經歷也是比昂開始接受訓練成為精神分析師過程的一部分。克萊因是溫尼科特的個案督導者，督導溫尼科特所做的個案。對比昂和溫尼科特來說，這些不同的經驗各造成什麼不同的影響？這問題無法簡略回答，只是先預想可能會有不同的影響力，作為大家想像的可能性。

例如，我們可以從十九世紀四五十年代，克萊因和安娜佛洛伊德的《論戰（The Freud-Klein Controversies 1941-45）》過程來看，溫尼科特有涉入但是以「中間派」（後來改稱「獨立派」）的立場，不站在克萊因或安娜的任一邊，這種立場可以說是一種結果，是之前的潛在差異，浮現在論戰過程裡。相對的，比昂在這場著名且重要的論戰過程裡，可以說是外圍份子並沒有明顯的角色。比昂1946年才成為克萊因的個案，那時候比昂已經快五十歲了，在精神分析領域裡，以當時的狀況來說，比昂算是晚熟型。

另外，比昂親身參加過第一次和第二次戰爭，尤其是

他在第一次戰爭時，曾在法國作戰，屬於坦克部隊，戰爭和死亡是如此接近他。他曾獲得戰爭英雄獎章，試想前面提及的涵容（containment）（「涵容」是我們後來中譯，但是這個中譯無法完全呈現軍事的意涵，而是接近比昂後來的「思考理論」）就是直接來自軍事的用語，是軍事佔領區和非佔領區之間的地帶，有如坦克的鋼鐵所隔離的內、外區域，這種近身接觸生和死的距離，多接近克萊因論述的：死亡本能在外在現實的親身體會？雖然比昂被克萊因分析的時間，是戰爭發生後的事了。

比昂所強調涵容的概念，在精神分析臨床工作裡來說，是針對個案在診療室裡所呈現的難以思索的困境時，治療者如何仍可以有不同的思考。最簡單的說法是，在原來想法外，還可以三思。以前述案例來說，當她處於種種內在壓力下，因為這些壓力是莫名的，難以述說的，治療者如何在這種情境下，可以慢慢有不同的思考？也就是能夠在個案所界定的前因後果裡，仍可以有不同的想像力。

這當然得在堅固能夠承受各式內在破壞力的穩定結構下，才有機會讓不同的創造力得以浮現，尤其是在她逐漸呈現對於治療有負面的感受時，雖然這些負面感受還不是以直接攻擊的方式出現，而是呈現在對於治療本身的矛盾反應。在精神分析取向來說，是要讓這些隱微出現的行動，能夠有可以思索和想像的空間。

至於溫尼科特比較明顯的訊息是，他起初是小兒科醫師，看見母親抱著嬰兒來就診，是他每天工作的實情實

景，也許這是holding（擁抱）景象的外顯起點，談的是母親和嬰兒之間，是母親抱著生病的嬰兒來看小兒科的整體景象，而不是純粹只談嬰兒。母親如何被嬰兒需要？在斷奶過程，嬰兒和母親的外顯關係是如何？以及何以嬰孩常在某個階段，會一直需要有件有怪味的毯子、玩具或枕頭呢？大部分的嬰孩在生命發展過程，會出現這些現象，這是怎麼回事？溫尼科特想要說明這個現象，因此發明了過渡客體和過渡現象的概念，但是這概念起初招來克萊因學派不少負面評論。

不過，溫尼科特關於「過渡客體（transitional object）」和「過渡現象（transitional phenomena）」的理論，至今已經是精神分析文章裡，最常被點閱、引用和閱讀的文章了。對於溫尼科特來說，過渡現象是嬰孩從完全依賴母親到獨立的過程裡，很重要的某個中間階段，以這個過渡現象對比診療室的心理治療過程，當個案在母親過世後，她反而變得更加擔心自己的身體會回頭來迫害自己，讓她因為身體可能有惡疾而消失於世。

也就是說，在她心中雖然對父母愛恨交織，在母親過世後，原本對於死亡的畏懼變得很難克制，而變成擔心身體會有不治之症。就算有各式儀器和相關檢查都沒有特殊發現，仍難以讓個案不再這麼擔心，好像在母親過世後，原本能夠象徵地擁抱個案心中畏懼的客體不見了，甚至她自己的身體也可能拋棄她，會有某種可怕的疾病，衝破她的皮膚，讓她無法再如以前那般擁抱著那個叫做自己的人。

以上只是試著使用溫尼科特的論點，想像和推論個案慮病的可能潛在意涵，不過需要說明的是，溫尼科特的「擁抱」的概念用於精神分析的後設心理學時，就不再是母親抱著嬰兒這個實像了，而是抽象地擁抱在一起的感受。

對連結的攻擊（attacks on linking）是什麼？

如前述依魯迪(Rudi Vermote)的文章《比昂以批判態度接近精神分析》的論點，他認為比昂對於精神病人的世界，是很接近他參加世界大戰的經驗。例如比昂所提出的「對連結的攻擊（attacks on linking）」、以beta粒子作為投射物、涵容（containment）以及沒有名字的恐懼（Nameless Dread）。

在這種混亂世界裡，保持思考是重要的事，而且是在烽火下保持思考。其實佛洛伊德也曾以戰爭比喻診療室裡個案對於治療者的移情，就像是一場炮火不斷的戰爭。比昂的朋友A. K. Rice形容比昂是位「比其他人更遠地坐在自己臉部背後」的人，尤其在面對他自己或團體裡，所出現的混亂和深度的退化時，在這種狀況下，比昂認為思考是必要的保護自己的方式。

對這位個案來說，她周遭曾發生戰爭，從小就處在她父母之間的戰爭，直到母親過世後，她自己和身體之間也發生了某種形式的戰爭，而她只能一直居於劣勢，處於擔

心和畏懼裡，隨時等候她的身體會生出什麼難治的病而打敗她。這種難治之疾是處於暗處，在她的心中，連醫師和精密儀器也無法測知身體在暗處裡所隱藏的破壞者，會以何種方式在什麼時候出現來攻擊她，她只能處於隨時備戰的狀態，卻不知敵人在那裡？

魯迪認為這種現象是類似於Esther Bick「精神的皮膚（psychic skin）」的概念。Bick發展重要理論之時，幾乎是和比昂發展「思考理論（A Theory of Thinking）」同時。Bick在「早期客體關係裡皮膚的經驗（The experience of the skin in early object relations, 1968）」裡，拓展「皮膚」作為最原初的涵容者的功能，也是「精神的皮膚」的概念。理論上這個精神的皮膚涵容了，生命發展早期不一致的自體（self），她認為母親的涵容是支持嬰孩的精神皮膚的重要基礎。如果出了問題，嬰孩會發展出第二層皮膚（second skin），助長了嬰孩發展出自大式的虛假獨立，可能變成精神病或邊緣型的狀態。

對連結的攻擊（attacks on linking）、beta粒子作為投射物、涵容（containment）、沒有名字的恐懼（Nameless Dread）等概念，在比昂的理論裡，都已經變成是很重要的名詞，也是比昂定義的專有名詞廣被精神分析者接受了。至於「對連結的攻擊」，也是比昂在1959年發表的重要論文：Bion, W.R. (1959). Attacks on Linking. Int. J. Psycho-Anal., 40:308-315.。

這篇文章直到目前仍是相當重要且常被討論的，最簡

單的結語是，人的內在世界裡，由於性驅力（生的本能）的緣故，將很多東西連結在一起，但是有另一股力量則是在改善和破壞這種連結性，可能是指人的驅力（drive）以不自覺的方式，溝通反映著原初客體（通常是指父母）和嬰孩之間，那些被內化具有破壞力的關係。這種關係模式也會出現在診療室裡，治療者和個案之間的關係，例如，個案說故事時顯得相當不連貫，然而這種內在世界裡所呈現的不連貫，卻可能是個案潛意識地要表達，讓治療者了解的情況。

只是這是不自覺的，個案不是以意識的方式說明這種現象，而是不自覺地藉由行動呈現出和客體的破壞關係。例如，前述的個案在談論她和父親的重複衝突時，雖是談論診療室外的事情，但是當心理治療進行了一陣子後，她再重複陳述問題仍然不變時，也許意味著，雖然她有來心理治療，但是顯然地覺得治療並沒有幫上忙。

這好像個案藉由貶抑治療者，讓治療者幫不上她的忙；也可能她心中始終覺得沒有人可以幫上忙，不自覺地也包括治療者在內。這些現象意味著個案的內在世界裡，如比昂所說的對於連結的攻擊始終存在著。和其他人連結的困難，還出現在她和同事間，她和別人的關係總是很容易讓她覺得被迫害而難以持續長久，雖然個案可以舉出很多細節，說明或證明是出自於同事的問題，只不過在這種情形下，個案所舉證的現象，通常是以前互動下的結果，也就是說，在關係互動起初，就有種種破壞力不自覺地被加

進其中了。

不過，我前述例子是明顯易觀察的現象，在臨床上更常見的是，這種攻擊是以很難自覺的方式呈現，有時甚至需要後來隔一陣子才會被察覺到，這也是治療早年創傷個案所以困難的原因之一，因爲他們的早年創傷經驗，就像被粉碎的粒子散於各處不同的生活層面，而且因年代久遠，這些散於各處的經驗，好像相互之間是不相干的事。

就像個案對不同的同事間的互動，最後都會處於覺得對方佔她便宜，迫害她，但是在個案談論這些不同人時，又覺得他們是有不同的情況，因此，讓個案雖然推論這些同事都是迫害她的人，卻因有其它不同情境，讓個案在實際上很難整合出一個答案，可以藉此處理所有問題。雖然可以被表淺地說成，這些經驗都和當年的創傷經驗有關，但是這句結論太籠統了。

心智世界裡的beta粒子（元素）是什麼？

關於beta粒子作爲投射物。回到比昂的個人經驗，來解讀他如何提出beta粒子作爲投射物。可以把這些beta粒子比喻成他參加第一次世界大戰時，他在坦克裡，而外頭是飛來飛去的子彈；而在文明重要地帶的歐洲竟然發生世界大戰，這是讓人多麼難以理解和想像的事啊！這些疑問也像子彈般在思緒裡飛來飛去，不知如何解釋。

　　再加上比昂後來對於精神病（psychotic）個案的精神分析經驗來說，是有一些根本就難以消化的東西，不知那是什麼東西梗在某個難以預期的地方，卻又不時出現，以不合乎現實的精神病症狀的方式出現。前述的個案雖然還不是精神病的狀態，但是她對於身體會有不治之症的擔心，能夠打敗一切精密儀器的檢查結果，雖然醫療的確有它不確定的風險，但是她的擔心的確超過尋常的程度。她過度擔心身體有不治之症的現象，是在重要親人過世後，再加上她擔心從小對她很不好的父親會生病而死，讓這些現象的潛在緣由似乎變得不可思議，如同這些難以消化、難以被了解的粒子般，在她的心智世界裡隨處散射。

　　如同我們發瘋才會出現的戰爭，這些由人的想像所投射出來的子彈，和精神病人的心智裡，有一些說不清楚卻會影響個案的東西四處亂射，這兩種經驗都假設有一種不可解，不知在何處的東西在作用。如果回到人性或心智的潛意識世界裡，是否存在著這些難以了解的東西？比昂為了說明，將這些被投射出來的東西，以物理學的粒子論來描述它，他說它們是beta粒子或beta元素，是指這些粒子根本無法以五感捉摸、無法定位、無法了解，但它們卻不時發揮著作用。

　　這也許可以用來說明，何以早年承受創傷的個案在後來的人生裡，好像周遭的人都是四處亂飛的子彈，如同比昂所說的beta粒子般。雖然個案最後總是認為，周遭的同事們都是迫害她的人，但是她這麼說時，卻也同時隱含著她

的困惑吧？何以周遭的人都會變成這樣子呢？

她會覺得自己起初都設法和他們好好相處啊，而這些以困惑形式存在的疑問，意味著無法說清楚那是什麼，卻又成了影響其他人的因子，讓她周遭的人最後都變成佔她便宜的人。也許爲了解決這個困惑，她總是在一陣子過後又開始出去工作，好像是爲了要有工作，但是另一方面來說，也同時有要找出「周遭的人到底怎麼了」的疑惑吧。

依比昂的定義，由於beta粒子是很原始的，因此當它們發揮作用時，所呈現的是很原始的人性反應（佛洛伊德常以原始人比喻一些很很原始的人性，從現在的角度來看，很原始的人性和原始人應該是不同的兩種現象吧），也許有些接近我們語言裡所說的「不可思議」的那種疑惑吧，雖是「不可思議」，有時甚至具有如子彈般，產生了現實上，當事者與其他人之間的破壞力，卻不被個案自覺，因此她很困難了解問題的發生。她自身是否可以貢獻某些因子的角度，來思索她和其他人之間的困境？

Beta粒子發生了讓人困惑的現象並形成症狀，一如戰爭也是人性症狀的呈現。比昂有了這個假設，也假設另有一種alpha功能，可以消化beta元素，讓beta元素成爲可以出現在夢裡的材料，然後有機會被了解，比昂叫這些新材料爲alpha元素（alpha element）。既然變成了可以出現在夢中的材料（但仍是無法直接在意識上可以理解），以精神分析的經驗來說，就表示是有機會可以被想像、被討論、被了解的前身了。比昂這些以臨床經驗爲基礎的理論假設，

開啓了《夢的解析》被重新思索的基礎。

沒有名字的恐懼？

關於「沒有名字的恐懼」和創傷經驗的關係，雖然在個人感受上「恐懼」好像很明顯，但是臨床上更常見的是那些不自覺的恐懼，或許我們可以疑問這種不自覺的恐懼也叫做恐懼嗎？勉強仍可以說，是恐懼，後來個案會逐漸發現，其實是有潛在不自覺的恐懼存在，而這些恐懼都是充滿了疑問，例如，她會自問為什麼是她被父親打？為什麼在這個時候被打？是自己做錯了什麼事嗎？

這些都是同時以疑問存在的感受，後來這些疑問可能蓋過了那些恐懼，而疑問只剩下「為什麼」，一連串的為什麼，而且是永遠找不到答案的為什麼，就算有了一時的答案，很快又被另一個疑惑淹沒了，一如這位個案在不同醫院、不同儀器檢查裡，尋找那些永遠沒有答案的內容。

最後，甚至連疑問的內容都變得模糊了，只有疑問的形式，內容則是一個接著另一個的困惑，可以說外界的答案沒有辦法消解她的疑惑，或者反過來說，所有的答案都需要再被疑問一次：為什麼她的身體變得老是暗暗地做出對自己不利的事，以致她的身體變得常有問題呢？

首先要問的是，何以需要加進「沒有名字的恐懼」這個術語，作為精神分析思索問題的一部分？這仍得回到臨

床情境，例如，當個案因為擔心自己的身體會有不治之症，就算重複做了很多相關的身體檢查，都被告知檢查數據並沒有問題，然而醫師所說的「沒有問題」，卻只讓個案放心一小陣子，個案馬上又擔心可能有什麼「沒有被檢查出來的問題」，何以會有這種擔心，可以打敗所有檢查儀器呢？或者雖然以擔心的想法呈現出來，但是另有其它感受藏在擔心底下，使得處理外顯出來以「擔心」的形式存在的內容，都變成是難以有效處理的課題，使得擔心持續存在著，但是擔心的內容卻不斷地變更。

這是害怕死亡嗎？不過，當事者倒不見得同意這個定論，雖然現實上的確可以很快感受到個案對於死亡的畏懼，但是臨床上個案何以常否認呢？是否意味著這是一個很難被思索的課題，或是如比昂所說的「無法被思考過的思想（unthought thoughts）」，甚至連「死亡」這兩個字都被排除到可以思索的範圍外，而只感受到身體器官是不可靠的，成為不安的來源？但就算是對於死亡的畏懼，變成大人後想到的死亡，和孩提時期經驗創傷時想像和感受的死亡，兩者是相同的嗎？

依比昂的說法，是否內在裡有一股很強大的力量，這力量可以打敗所有現實的儀器檢查，也就是，它具有不可思議的力量可以打敗現實。為什麼人會以這種可以打敗現實的成功，來讓自己變成更不安呢？人的心智運作結果好像是得到某種成功，卻反而讓當事者變得更不安，所以這種不安才是心裡真正想要的結果嗎？需要有這種不安的存

在嗎？爲什麼呢？

　　不安，不是大家都不想要的嗎？除非另有比不安還痛苦的經驗存在著，需要以不安來壓制這些更痛苦的經驗。我們會說這是種不自覺的力量，它的運作結果是打敗了現實，而這種深沈的恐懼如何稱呼它們呢？佛洛伊德形容這是「經濟原則」，也是潛意識運作的準則「享樂原則」，而不是意識上運作的「現實原則」。享樂原則運作後的結果，常只是以較不受苦的力量，壓掉了更受苦的經驗，但結果不必然會是愉快感的享樂，一如這個案持續外顯著不安，我們不能說那是一種愉快的享樂。

　　前述提到孩提時代對於死亡想像是什麼的困惑，還有另一個問題是想像誰的死亡，只是如一般所說的，擔心自己的死亡，或者也有擔心父親的死亡？如果這個案後來擔心父親會生病死掉的想法，是外顯的擔心，但是個案早年被父親虐待的經驗，怎麼在目前會轉換成擔心父親死亡呢？如果我們假設，在孩提時代，她對父親的死亡想像，不是擔心，而是期望？

　　這會不會是太聳動的假設，讓當事者覺得難以承受？那麼，在當年創傷經驗下，這些可能的想像會變成什麼模樣？有恨意嗎？是以什麼情感呈現在心中？它們如果已經存在了，那麼它們的命運是什麼？這些被壓抑掉的感受和想像內容的命運，可能不再被意識所察覺，是否它們的命運一直在醞釀？它們存在的方式，如另篇文章所提到的，如同被撞得四散的粒子，成爲一個一個小星球般，各有自

己的命運，卻隨著時間和記憶，變得好像是不再相干，只是各自存在的星球。

她的慮病有多少成份是因為無法承受，自己會想要父親死掉的想法？雖然早在她很小時被父親虐待，就一直在心中詛咒父親死掉，但那是當時的情境，後來父親年老了，不再虐待她時，這個詛咒就失去了合理的基礎了。是否這些想法可能是其它莫名的東西呢？何況，有可能當年的詛咒，也不再以完整的一句話被記得或以單一種完整情感存在著，而是早就破碎變成零零散散如同beta粒子的形式，而難以被察覺？

個案常會不經意說，有一種「莫名的不安」或「莫名的恐懼」，什麼是「莫名」呢？是意味著沒有名稱、沒有名字，卻可以感受到它令當事者畏懼的什麼嗎？比昂在1962年於《從經驗裡學習（Learning from experience）》裡，首次提及「沒有名字的恐懼」這個名詞，到了1967年《思考的理論（Theory of thinking）》裡再深化「沒有名字的恐懼」這個名詞的定義。

這是假設當嬰兒出生後，有一種被滅絕的焦慮，一種活不下去的不安，嬰孩會將這種焦慮投射給母親，母親如何吸收和消化這些投射，會影響嬰孩是否會被這種不安給淹沒了，讓死亡變成是一種真實。如果母親能夠消化這些焦慮，就不會將這些焦慮丟回給嬰孩。這是比昂的論述，認為這種沒有名字的畏懼，是起源於孩童自身的被滅絕的焦慮。

　　假設這是孩童必然會經驗的過程，需要有重要客體能夠涵容消化這些焦慮，如果重要客體無法做到這種功能，甚至有虐待的作為，則無異於火上再添油柴，讓創傷經驗變得更破碎、更驚恐、更難以命名。

　　由於這些困境，我雖然舉出前述的案例作為說明，可能有不可思議、不可名狀、沒有名字的恐懼存在，但是真要處理這種擔心自己會生病的個案，當然不可能知道這些術語後就解決所有問題了。因此顯然仍需要更多的語詞來了解，並建構成可以改變的動力。

結論：

　　雖然最後提出的論點，並沒有指出一個明確且可以馬上執行，而且幫得上個案忙的意見，不過這是目前臨床上的難題，本文只是試著以一些理論，來談何以是如此困難？何以早年受創傷的個案，無法在談論自己當年創傷的記憶後，即有大家期待的，讓潛意識變成意識的想法後，個案就會有改變。

　　這意味著我們所知仍有限，因此本文在這個假設下提出一些想法，首先讓相關的治療者不要過於樂觀，以為說完故事就好了。我們甚至需要思索的是，是否這個簡單的期待，有時候不但無助於治療，甚至可能帶來不必要的壓力，以為自己說出故事了，但問題仍存在而再過度自責，在原本的自責上，再加上新一筆自責。

創傷的「心碎」模式：日常用語的精神分析思索

摘要：

　　本文所談論的創傷，是針對生命早期所經歷的創傷。筆者試著從一般人嘴裡常說的「內在小孩」、「破碎的瓷娃娃」到「心碎了」這些日常用語，和精神分析某些術語連結，來討論何以個案的問題，在生活或工作裡重複出現，且大都是讓自己陷在自虐和被虐的局面。但是臨床上這些乍看是重複的問題，何以問題之間的關聯，個案常視而不見？而且很難舉一反三，去全面的認識問題。

　　先從臨床現象出發。當個案所出現的問題和症狀，是更具有普遍性時，意味著他們的問題可能是源於生命更早期的創傷經驗。所謂更具有普遍性的問題和症狀，是指個案描述他們的生活和工作，以及人際關係裡處處重複著類似問題。因此治療者可以很快就捕捉到個案的問題，不過值得注意的現象是，由於個案的問題和症狀重複出現，容易被治療者錯覺地以為，因為重複性高，可見度高，然後就以為只要指出個案的重複問題後，個案就會了解，而且經由這種了解可以很快改善問題。

　　這是錯覺的反應，甚至在治療的互動過程裡，反而遭

遇挫折，因為當個案的問題重複性高時，常是意味著有某種情結在底下，愈重複的現象，假設上是生命史裡愈早期的創傷經驗。個案不自覺地重複發生類似問題，理論上這是愈早期出現的問題，是需要更多更長的時間來處理。不過，因為問題是處處可見，就容易引起錯覺，以為既然是處處可見的問題，照理是容易被個案所正視，因而容易面對來解決和處理。

不過常見的是相反的情況，這種重複性高而處處可見的問題，卻是常被視而不見，雖然個案在陳述問題時顯得很受苦，以及他是一個問題接著另一個問題談，會讓聽者覺得，個案認為這些在不同場合以及面對不同人時，所遭遇的問題是類似的，因此個案一個接一個談。不過，常常個案並沒有自覺那是相同的問題，如果有相同地方的話，個案可能覺得，他故事裡的人都是傷害他的人。

這些都是個案事後的說法，並不必然等於當年的經驗，而生命早年經驗的記憶方式，如佛洛伊德在《記憶、重複和修通（Remembering, Repeating and Working Through, 1914）》裡所說，人是會透過行動的重複，來呈現生命早年的記憶，不是透過故事本身的記憶。這並不表示故事本身沒意義，而是精神分析強調移情的觀察，個案的移情就是透過言外之意和行動，呈現在他們和治療者之間的關係裡，這是不自覺的潛意識的流動。

個案所說的故事內容和他們的感受經驗，兩者相比，經驗才是重點，而不是故事本身。但「經驗」是什麼呢？

雖然一般常說經驗上覺得如何，但是經驗是存在什麼地方呢？什麼是從經驗裡學習呢？精神分析家比昂（W. Bion）在他的書《從經驗裡學習（Learning from Experience, 1962）》裡，談論經驗並不是只指曾經歷過的事，更是指這些事在我們心理層次的存在，尤其是指我們不自覺的那些經驗。

但是難題來了，既然是我們不自覺的經驗，我們如何從經驗裡學習呢？這句話也是相當流行的社會用語，但是何以有不少人常是悲觀地認為，人只是重複問題，幾乎不太會從歷史經驗裡學習，來避免某些事重複發生，這種悲觀似乎不是只有一些人無謂的感嘆。

在前述的臨床現象裡，重複出現問題的那些個案，就是出現這種類似現象，也就是這些類似問題處處可見，卻又是好像什麼都看不見的現象，是所謂無法從歷史裡學習到什麼，來避免事情再發生的例子。

如果我們說其中有某些經驗值得學習，不論是期待從歷史裡學習到什麼，但是如前所述，大家是可以感受到某種經驗存在，因此如何描述和界定這些經驗是什麼，就出現了不少形容和比喻。畢竟，我們只能透過使用其它材料做類比，並使用比喻來推論和說明，那些無法直接觸及的經驗。

例如，常聽到有些人以「內在小孩」來形容成人心理世界裡有個幼小的心智，這個內在小孩的比喻是以「小孩」來描述，我們覺得有些問題很幼稚卻出現在大人身

上，這個比喻是假設那些像小孩般的情緒和作為，是有個像小孩般的「內在小孩」存在著，這是將那些難以直接觸及的內在經驗，給與具體化的例子。

這個內在小孩的比喻，當然也會面臨另一個問題，什麼是小孩？什麼是小孩的情緒和感受？並不是所有人都會有相同的定義，不過「內在小孩」的比喻，的確是具有某種功能，有助於我們了解無法直接觸及的材料。對於精神分析要觸及的潛意識領域，當然也需要某些比喻，來幫助我們想像和推論潛意識裡的材料，以及這些材料以什麼機制運作。

我倒不是要認為「內在小孩」這個詞，可以表達潛意識裡的欲望和內在客體的意思，我以兩種例子來說明，我何以不是完全認同「內在小孩」這個比喻。首先是精神分析後設心理學，後來談到客體關係理論時，所指的客體不再只是一個「完整的客體（whole-object）」，完整的人。例如有人會說，自己像父親或像母親，這是以完整的客體來比喻自己的狀態像父或母。

不過，如果精神分析要將視野推進到生命更早期，例如，生命早期前幾個月的經驗對於後來的影響，這就涉及了假設，那時候對於自己和父母等外在客體，是以完整的形體呈現，或者在那時候的感知能力來說，只是從部分客體（part-object）來認識人和世界。例如，克萊因所談論的部分客體，如乳房和陽具，在那時候，母親被等同於乳房，父親等同於陽具。如果從這些精神分析後設心理學的

論點來說，所謂「內在小孩」的比喻，是指有個完整客體的小孩，來想像和推論生命早年的經驗時，我覺得是指小孩發育更完整後的經驗了，而不是比喻生命前幾個月或前兩三年的客體經驗。

再以臨床經驗來說明，何以我覺得「內在小孩」的比喻，是完整客體的人的經驗。如前所描述的臨床經驗，在生命早年歷經創傷的個案，他們後來的人生常處處是問題，好像整個世界都跟他們為敵，讓他們生活得支離破碎。

為了容易了解這些臨床現象，我曾嘗試以具體的比喻，例如，「破碎的瓷娃娃」的概念，來描述早年經歷創傷個案的內心世界；以破碎落地四散的瓷片，來形容這些人在實質生活上的處處困境。每個困境都是充滿了受傷的經驗，每個碎片後來都各自獨立長大，周遭有各自發生的事情，如同這些早年蒙受創傷個案的內心世界。

在描述他們生活和工作上的種種問題時，他們說那些事時就像是各自獨立發生的事，雖然聽者可能很快就發現，這些不同故事都有類似版本，故事在他們生活的不同地方出現，但是個案卻很不容易真的「感受（feel）」到，這些不同的事件裡果真有某些重複的地方。

這是因為那些破碎的地方，後來都各自長大，各自有不同人物故事的緣故，因此有時候當治療者意圖要指出，這些乍看不同故事，其實有個相同的核心版本，個案可能在意識上很快說，是啊，但是由於他們的感受並非如此，因此常見個案會接著補充說明，這些不同故事裡某些細節

不同的地方。例如，他們會舉例說明所面對的那些人，有不同的某些特質和舉動，並非個案看錯；只是當他們舉出不同故事裡的細節差異時，是和治療者意圖想要以歸納方式，讓個案看見事件間有雷同重疊的地方，兩者是不同的看事情的方式。

這種時候所反映的是，當個案說明不同故事之間，有所不同之處時，不論是針對故事情節嚴重度（例如暴力程度）的不同，或是他們覺得不同故事裡，不同人物有不同的個性，無論如何，他們都會覺得對方是加害人。這是治療者以歸納法做出來的結論，個案不必然反對這種結論，但是當他們說這些故事間的不同處時，也可能隱含著不同意治療者的結論。

雖然這結論在意識上他們也接受，但是由於創傷經驗是不容易被重新再感受，這種再感受的困難，使得個案可以藉著談論不同故事間的不同，來沖淡治療者想要聚焦在共同點時的重大壓力，因為這種共同點會像凸透鏡在太陽下的聚焦，引起心中的風暴。這些描述並非單一個案的反應，而是臨床上不論自己的個案或督導的個案身上常見的現象。

由於以前不夠滿意「內在小孩」的比喻，而改以「破碎的瓷娃娃」來描述，會比較接近臨床經驗，而且比較能和精神分析的後設心理學，尤其是「客體關係理論（object relations theory）」掛勾，增加對後設理論的想像，否則，「內在小孩」的比喻很容易會讓讀者傾向「人際關係理論

（interpersonal theory）」，而不是以客體關係理論的角度出發。這種說法並不是批評那個理論對或錯，而是精神分析如果是把工作場域，放在不自覺的領域，那麼，客體關係理論是比較貼近的。

我再進一步以「心碎了」的模式，重新描述前述的破碎瓷娃娃的比喻，主要是嘗試描述臨床現象上，個案的某些早年創傷經驗。這是來自臨床經驗的描繪，因為聽到承受早年創傷經驗的個案說到，他們在很早的時候，心就死了，或者心就碎了，這讓他們在生活和目標上，常見是處於飄浮的狀態，好像永遠沒有可以落腳的地方，來作為容身之地。從另一角度來看，這些個案可能在人生的所有情境裡，一直在尋找著期待中的客體對象，但是跟別人的關係結果總是支離破碎。

我嘗試將這種心碎的模式，結合比昂的說法一起來思索。比昂在1957年的文章《人格裡精神病和非精神病的區分（Differentiation of the psychotic from the non-psychotic personalities）》裡，描述人的心智感受裝置（perceptual apparatus of the mind），在生命早期時，由於分裂機制（splitting）的作用而變得破碎片斷（fragmentation）。

如果照比昂的說法來推論，心碎的模式或許更貼近他的說法，這個心碎模式用來說明比昂和其他精神分析家的臨床觀察和描述，不能說是我獨創的想事情的模式，不過，如果能和比昂的論點加以比對，應是有趣的事吧！

雖然我覺得「心碎了」的說法，是接近臨床上在地語

言所聽到的描述，但我希望和外來的後設理論有些對話，是否這等於我們日常口語裡的「心碎了」？我不建議一下子就把它們等同起來，因爲若太快等同起來，我們就會馬上在「心碎了」的模式裡，只以我們語言裡相關詞語的聯想爲主，而忽略和來自外國的概念之間，更長久的互動消化。

這對於我們要在地化，落實精神分析，不必然是好現象，雖然我們認爲，如果精神分析能夠儘快有我們自己的語言，會發展的比較快，但我是傾向提議，這是長路，不急著一下子就完全以我們的語言來思索，因爲不同語言之間的互動聯想，也會是很好的知識來源。當我們以自己的母語來論心事時，其實也是一種「翻譯」，因爲在象徵意義上，我們可以說，「心事」自有它的語言系統。

我先介紹比昂這篇文章裡，有助於我們思考前述命題的內容。首先，比昂的文章裡要區分人格裡屬於精神病和非精神病的部分，這種概念不等於目前精神醫學診斷學裡精神病的診斷，而是要描述人的心智發展過程裡，在不同的生命階段，爲了回應內在和外在情境而展現出來的方式。

假設某些方式發生在生命相當早期時，例如，生下來後的前幾個月裡心智的回應方式，雖然大都是以觀察成人在診療室裡的現象作爲基礎，來推論生命早期的心智發展史，因此自然有它的侷限，但是，這種侷限並不會妨礙我們，重複在診療室的臨床經驗裡，探索人的種種可能性。

　　依比昂的說法，如果基於克萊因的觀察嬰孩理論，在生命早期的死亡驅力所展現的破壞力的投射，讓嬰孩的心智世界是處於害怕和恐懼的心境裡。關於這種恐懼，透過兒童和成人在診療室的精神分析經驗，由個案所描述出來，再加上精神分析者的推論，因而衍生出來論點。在臨床上可見的是，某些個案整天處於某種「莫名的恐懼」裡，好像隨時會消失或者死掉，但是，意識上又覺得一切都還好啊，因此很不解為什麼會一直處在焦慮不安裡？如果使用克萊因的說法，是處在被滅絕的焦慮（catastrophic anxiety）裡，比昂則在他的文章裡進一步探索，這種焦慮裡的心理機制和產物。

　　比昂認為當嬰孩處在這種狀態裡，是處於兩極化的反應：這個世界或自己，不是極好的理想化，就是極壞的壞人世界；跟一般小孩常以好和壞，來區分世界和自己是貼近的。這種現象在成人社會裡也是常見的，他們讓社會事務變成只有兩個端點，選擇或靠邊站的反應，可以說是類似嬰孩心智活動的版本。這些現象在佛洛伊德時代就見證了，因此佛洛伊德在晚年，綜合他多年的經驗，將它更具體在《在防衛過程裡的分裂機制（Splitting of the ego in the process of defence, 1938）》，描述心智發展早期遭遇自己內在心理世界和外在現實環境的雙重困局時，嬰孩是如何運用「自我（ego）」來處理這些壓力，但在年紀如此幼小時，畢竟能使用的能耐是有限，而且是很原始的反應。

　　這些原始的反應，除了完全視而不見的否認（denial）

外，另一種是在意識上否認和潛意識地承認間飄搖（叫做negation），好像看見了，但是心理上卻保持著距離，好像那是別人身上的事，或者身處其中卻讓自己的感受隔離而毫無所覺，在臨床上會呈現不同的樣貌，常見的是：個案重複地談著相同的事，卻讓情感隔絕在外；或者讓情緒充滿了整個治療過程，卻飽滿得幾乎不可能有治療者可以介入插話和思考空間；或者口頭上接受治療者指出來的某些現象，但是接下來的說話卻像根本不了解先前接受的事。

如何說明這些零零散散的現象？雖然個案或治療者意圖想要以語言，讓這些事情可以集中而被了解，但是始終很困難達成目的。其實，比昂將這種困難理解的破碎故事和經驗，說得更原始，更難被當事者了解，他假設這些生命早年的心智機制（mental apparatus），經由分裂機制的運作，目的是為了保護當事者，避免陷在過於恐懼的情境裡而難以走下去。在分裂機制的作用下，將生命早年的經驗化成碎片般的材料，無法被思考，無法被消化，甚至難以被察覺到的經驗碎片。人如果在這種狀況下，就會如同我們概念裡的精神病般，和現實是脫節的狀況。

比昂替這些破碎難以被消化思考的材料，取名做beta元素（beta elements），比昂是要替那些一直存在著，等待思考者去思考的材料找到出路，不然這些材料是構成所謂精神病部分的基礎。前面曾說過，這不是精神醫學診斷上的思覺失調症的意思，而是一般人也會存在的，人格裡的精神病的部分，這裡所指的精神病部分，可以是指這些破碎

片斷，難以被思考，無法被察覺，卻仍隱隱影響著人的材料或經驗吧！雖然一般人常以為「經驗」是意識得到的部分，但是對比昂來說，無法被意識到的經驗更是重要的材料，這也是他的另一本書《從經驗中學習（Learning from Experience, 1962）》的基礎。

大部分的人經歷過生命早年類似的經驗後，仍可以維持讓正常的部分駕馭著實質的生活，但是在心智生活裡，仍值得思索的是，是否存有什麼心理機制，讓這些破碎的經驗，不是只被隔絕且發揮隱隱作祟的功能，而是逐漸變成可以思考的材料？由於這是人類的常情，存在著某種功能，讓大部分人可以一般地過日子；比昂假設這是有一種叫做alpha功能（alpha function）的機制，這種機制的功能是能夠將beta材料變成alpha材料，就有機會轉變成可以被思考、被消化的材料。

不過，事實當然不是如此簡單，這些很原始的經驗就算變裝成alpha材料，仍不是容易馬上被了解的材料。比昂的說法是，這些alpha材料會變成可以出現在夢裡的材料。比昂是從他的臨床經驗裡發現，精神病個案在精神分析的過程裡，通常很難談到夢，當他們開始談到夢時，他發現這些精神病個案是已有一些改變了。

他因此假設，有某些起初根本無法被注意到、無法被分析的材料已經浮現到夢境裡了，而當這些無法被思考、無法被消化的材料，變成夢境裡的材料後，依據精神分析的傳統經驗，就有機會讓這些原本無法被思考的材料，透

過夢境的出現而被分析，然後有機會被了解。

這也是貼近我的臨床經驗裡的複雜過程，但並不必然是，可以被分析而變成可以被消化的材料後，個案的問題就完全解決了。這只是讓原本被排除在思考範圍外的材料有機會被思考，但是能夠前進多少，仍有其它的變數存在著。如果回到我先前提出的「心碎」模式來思考，為什麼不少個案在描述他們當年被虐待，或見證有人被虐待的經驗後，他們在描述這些經驗時，就像是心碎得滿地？這些比喻上像是心碎滿地的經驗，反映在生活上的種種情況時，對個案來說，這些是各自獨立，好像是不相干的事呢！

為了說明這現象，需要再回到精神分析對於「創傷」的觀點。一般覺得所謂的創傷，是某種經驗以它們當時的樣子存在著，然後等待到某個時候，這些創傷經驗依它們原本的樣子跑出來。這需要先分成兩部分來說明，一是記憶中的說出來的故事，二是被行動化出來卻不自覺的記憶。我試著對這兩部分稍加說明。

首先，關於什麼是創傷，一般人常是以記憶裡說出來的故事內容作為依據，不過這種想法雖被大部分的人接受，卻是最有問題的論點。人的記憶隨著時間的演變，常見的是，對於相同事件，會隨時間和心境而改變記憶的內容。故事的某些細節可能被當事人修改而不自覺，不過另一個有趣的地方是，雖然大部分人知道這種微修記憶的經驗，卻仍願意相信生命早期創傷的故事，是如他們後來記憶中的樣子。

　　依據佛洛伊德的描述，他認為人的記憶會在事後，不斷地依著後來的心智狀態，修改最早期事件的模樣。他還特地替這種事後修改記憶的現象，給予一個專有名詞「事後（apres-coup）」，提醒我們，記憶裡的故事是有這種現象存在，因此後來的心理反應，在當年可能不是如此。

　　不管意識上是否如此認為，那些經驗仍是存在的，只是不被意識上認為是創傷經驗，但是這些經驗仍以它們獨有的方式存在著。

　　生命早期的受虐創傷經驗，包括其它創傷經驗，例如克萊因所描述的滅絕般的死亡焦慮（catastrophic anxiety）經驗，或者佛洛伊德所陳述的閹割情結（castration anxiety）的經驗，都是發生在能夠以成人語言來記憶的年紀，因此隨著語言表達能力的增加，自然會出現更多不同的表達方式和詞語。就語言的特色來說，不同的表達方式和詞語，就會造成不同的後續解讀。這是補充說明前述故事的記憶現象。

　　因此佛洛伊德在《記憶、重複和修通（Remembering, Repeating and Working Through, 1914）》裡表示，人對生命早期的真正記憶，是存在後來的行動裡，他是指不自覺的行動，呈現在自己的問題或和他人的關係裡。這是不自覺的現象，因此需要分析才能了解，某些行動可能是當年的創傷經驗。

　　這些行動呈現個案在生活裡處處有問題、處處有人待他們不公平、處處是讓他們無法達成期待的妨礙者或迫害

的人，包括個案轉移到治療者身上而產生的移情，也就是
將創傷經驗移轉到治療者身上，這是何以在分析治療過程
裡，治療者常很快就被個案投射成是加害人，覺得治療者
也是讓他們無法改變或改善問題的人。

如前所述，這些行動出現在生活的很多場景裡，每個
場景都有一些獨立的人和事的故事，或者更精確的描述
是，每個場景都是如碎片般的存在，每個碎片場景裡都有
讓他們心碎的故事。這些經驗之間有個重要特色，隨著時
間轉變，這些碎片之間漸漸不知道它們之間曾有的關聯，
每個碎片後來都獨自發展出自己的故事，有不同的對象，
發生在不同的時候。

也就是假設原本是結合在一起的一家人，破碎四散
後，久而久之在記憶上，不再記得他們曾經是一家人了。
這也許可以說明，當治療者想要指出來，何以這些發生在
不同時候、不同地方的故事，都有受害者和加害者的故
事，而想要讓個案了解，這些故事有它們的同源性時，常
常很困難被個案真正的接受或了解。

這些破碎經驗之間，不但是相互失聯，甚至整體上，
這些碎片經驗和原始創傷經驗的關係也是失聯的，缺少記
憶上的關聯性。如果治療者不了解這些特性，而過於樂觀
地以為，指出這些碎片間的關聯性後，個案就會理解，並
期待個案因此能舉一反三，了解所有破碎之間原來是同一
家族四散的結果，治療者甚至可能以為，這些破碎經驗可
以很快連結到早年的經驗，個案就可以因為了解而改變。

事實上，這常不是治療的實情！何以呢？這就是心碎模式試圖要說明的。

再簡述如下：早年的創傷經驗（可能包括受虐和其它的心理創傷，如伊底帕斯情結或閹割情結等等。）心碎後，碎片各自發展出自己的命運和未來，而且碎片之間相互失聯，不知它們之間原來是有關聯的，它們也和最原始的情境失聯。這也許可以說明，何以個案在描述他們一生重複出現的災難和不幸時，佛洛伊德形容這是一種潛意識的悲慘（unconscious misery），那些不同故事雖然被接連談出來，但是他們之間是失聯的，因此很難如治療者或個案所期待的，在指出來它們有相關後，個案就能舉一反三，了解它們的相關性。

而且後來的問題和原始的情境失聯了，讓治療者雖然意圖將目前的問題，和生命早年的經驗有所相連，但是這種聯結在臨床上，常不如預期般有效用，雖然個案和某些治療者是傾向，要在早年記憶裡找出目前問題的原因，這種技術叫做「起源學上詮釋（genetic interpretation）」。在精神分析史裡，早就發現這種技術的侷限，雖然不少人仍認為，精神分析就是從目前的問題，分析出早年的原因，其實這是普通心理學的假設，在技術上並非精神分析的主要工作重點，因為精神分析的核心技術，是對移情做詮釋（interpretation of transference），如前所述，移情是會呈現出個案在心碎經驗裡的種種遺跡……

我是我認識的我嗎？創傷的精神分析

摘要：

　　關於早年創傷個案在診療室裡的幾種比喻。「我是我認識的我嗎？」以十八篇文章談論早年創傷個案在診療室裡可能出現的某些情況，在治療者和個案的表面互動裡，從精神分析的角度，做一些深度心理學的推論或想像。我相信這不只是創傷個案的現象和心理學，而是人作為人在被生下來後，面對外在世界的未知時，和重要客體互動的過程裡，所帶來的意識上認知自己是什麼人，和在行動上讓他人覺得自己是什麼人，這兩者之間的落差所帶來的困擾。

1. 我們就把他變成了敵人？

　　佛洛伊德1910年的文章「精神分析治療的未來視野」裡的說法：「這個社會並不會在一夜之間賦予我們（精神分析師）權威，社會註定要給我們阻抗，因為我們對社會採取批判的態度；我們指出社會本身在精神官能症的形成中扮演重要角色，就像，當我們揭發一個人的潛抑時，我

們就把他變成了敵人；那麼，當我們說出社會對個人所造成的傷害與不足之處時，也不能期待它報以善意同情。」
（黃世明 譯）

我只針對其中一句跟臨床直接相關的話做延伸思考，「就像，當我們揭發一個人的潛抑時，我們就把他變成了敵人」。佛洛伊德的說法是否將臨床上的挫折說得太誇張了？在臨床上個案對治療者的潛在敵意是常見的，只是它的呈現方式從明顯到隱微都有可能，也因為有這些外顯的落差，而需要一些主觀的猜測和客觀地再觀察，使得精神分析領域，不同的理論者也有不同的說法，不過我必須說，要替這些後來的不同理論做出判斷前，佛洛伊德這句話至今在臨床上仍是常見的現象，雖然常見的現象是意味著起源很早，很容易被看見問題，卻是不容易處理，只是一般會有錯覺，以為常見的現象是更容易處理，但是診療室裡的實情卻是顛倒。

例如，當個案在談論他們對父母的恨意時，治療者冒然地指出，他們的恨意裡有著深藏的破壞本能；或者說這種恨意是來自於，他們可能潛抑了早年經驗裡對於父母的性的想像。這些話語作為技術上的「詮釋」，乍聽是符合精神分析後設理論的假設，但是意圖要指出表面現象，如恨意底下的其它潛在意義時，在診療室裡就不再只是簡單地說出理論而已。

雖然這些說法是有它的道理，不可能要治療者完全只依個案的說法來處理問題，因為臨床的實情是如果只隨著

個案的病理，表面上像是在協助個案，但是更容易陷進困境，而變得雙方都很挫折。因此需要有不同的想法，才可能會有新的想像，但是前述的說詞是一種新的想像？是如此，但是如果治療者只想到這麼說會有用，那就好像醫師開藥方，只注重是否有效而忽略了副作用。

回到佛洛伊德說的這句話，呈現的也許就是副作用吧，只是佛洛伊德從潛意識的破壞力出發，因此說的是把個案變成了敵人。診療室裡，有趣卻是很辛苦的互動是觀察這些敵人的感受如何在心裡流轉，進而投射到不同的對象身上。雖然在述說時，是有個要責怪的對象，但是對精神分析取向來說，我們還需要其它的想法。

進一步的延伸說法是，個案會將長期存在的種種恨意和挫折，都隨著「移情」而灌注在治療者身上，所以原本在診療室外的失敗，最後會變成診療室內治療者沒有幫上忙，而導致個案後續的所有問題，這是需要相當長的時間才能被了解的說法，因為個案一定可以在臨床過程裡，找到治療者未能即時幫上忙的現象而感到不滿。這是我對於佛洛伊德這句話的延伸，是坐在診療椅上的治療者難以避免的事，「心理真實（psychic reality）」是需要涵容、消化和了解，並找到話語來描述這些潛在的意義，但又得區分在「歷史事實（historic truth）」上的不同。實情上，個案的真正問題由來已久，治療者不論何種治療理論和實作取向，有辦法完全處理在診間外，從以前至今仍不斷有事件發生在個案生活中的歷史事實嗎？很困難，如果依佛洛

伊德在「朵拉（Dora）」裡提及的，在現實窮盡侷限的地方，就是精神分析的起點，但是起點只是起點，離解決問題還是長路，而這條之字路能否走得下去，又需要雙方在最破壞的節點，各有所節制（abstinence），不然雙方都會寸步難行，偏偏這種節制是無法以要求的方式，期待個案能做得到，只因為這種節制就是有些個案最大的困難，使得心理治療在這裡觸礁而難以前進。這就顯現了精神分析在現實上的侷限……

2. 這是有改變了？這是改善嗎？

如果某個案說，他出門前重複檢查是否有鎖緊門窗（被當作是精神科症狀），並不是因為焦慮（也是精神科症狀）而這麼做，因為如果他不這麼做，就會很焦慮。這是很常見的對話，只是有些人可以說得這麼明確，有些人則說得模糊。如果我先把行為內容置於一旁，可以暫時歸納說，他不是因為焦慮而行為，而是如果不那麼做，他就會很焦慮。

不同的行為內容，會有它們的心理動力的潛在意義，雖然我也了解目前大家對於是否有心理動力這件事，可能是存疑的，只因為這些都是先有猜測，但就算要猜測什麼也是有理論為基礎，不過不能否認，在這些無法直接看見、聽到、摸到的心理動力假設，自然有人會表達質疑。我

還是站在精神分析的立場（還是有立場的，不能騙自己。）
談一些想法，關於個案自行依自身經驗所推衍出來的邏
輯，對於焦慮和行為之間的因果關係的說法。依個案的說
法自然就會推衍出，治療雙方要將注意力放在行為的改變
上，如果治療者不依循這個工作邏輯，就變得好像是不在
意個案的實質問題。

　　如果焦點放在行為的改變，自然就是以「不要再出現
這些行為」為目標。這是某些治療的工作模式，這類型工
作模式認為，治療過程如果重複出現了相同行為，就表示
治療無效，需要再加緊做些什麼，來促進個案行為的改
變。如果行為稍改變，例如，從檢查門窗是否有鎖緊，變
成門窗是否有被打破，這是相同的行為問題嗎？是否表示
有改變的績效了？或者如果改變為重複視而不見朋友的杯
子，而不斷撞翻了那些杯子，這是有改善嗎？或者變得一
直注意自己的胃是不是有氣而咕嚕咕嚕亂叫，這是有改變
嗎？這是改善嗎？

　　我並不是說這些行為的改變是不重要的事，只是假設
某些外顯行為的內在心理世界，是有某些共同因素在作
怪，如果只處理外顯行為，是否只在表面上處理問題，卻
忽略了更重要的心理問題？不過，這是精神分析取向的思
考和工作模式，其它取向者不必然是如此想像。我試著談
論另一個邏輯，這是被個案排斥的邏輯，例如，如果焦慮
才是焦點，因為焦慮帶來不安因而是要被排斥的，因此潛
在地命題被變成是，如果我不注意什麼東西，或者如果我

不做什麼行為，那麼焦慮就會浮現，因此這些行為變成了某種防衛，可以讓當事者不必去經驗那些潛在的焦慮，也不必嘗試了解那些焦慮是什麼。

也許這麼說是有些道理，但是強調這種論點時需要注意的是，可能被當作是沒有體會個案長期的困局，忽略這些行為所帶來的受苦。雖然依先前的說法，這些受苦是源於某些難以被探索的焦慮，而不是這些行為本身，這些行為只是潛在焦慮的代理者，既然是代理者，就是意味著要來協調或交換些什麼的角色，如果不試著其它的可能性，就只是抹除這些行為（症狀），在臨床上是很困難的，就好像出手把被派來談判的代理者趕走或消滅掉。

對於熟悉精神分析者來說，我在這裡所談的內容，只是工作的基本常識，但這是理論的陳述，愈是常識，可能意味著愈是不容易執行的內容，例如，社會常識是要放開，不要執著，偏偏這是最困難做到的事，只是成為常識了，就被誤以為容易實踐。如果硬要在診療室裡向個案直接說明這些論點，在很多時候，會變成強迫個案接受論述的暴力，就好像硬把剛插下的秧苗拉高來幫助成長。

我們必須知道，前述假設雖然看來有些道理，但那是直接攻擊了個案原本所呈現的邏輯，當然，臨床上並非一定不能指出，個案的運作邏輯所帶來的問題，但是對精神分析取向來說，這涉及治療情境裡移情和反移情因素的觀察和處理，而移情和反移情的處理才是重點。

3. 彎彎曲曲的妥協方式？

如果依循大部分人的邏輯，不是因焦慮（精神科症狀）而做某些事（變成症狀），例如重複檢查鈔票，而是如果不做那些行為（被當作是精神科的症狀）就會焦慮。這個邏輯是容易被接受的，也是不少臨床家的工作基礎。

不過值得再思考的是，前述兩種情形都被當作是症狀的內容，一種是外顯出來的行為，一種是很主觀的感受，兩者是經過個案的心理運作，成為具有前後因果關係的說詞，讓兩者之間建立了關聯性。如果我們要走出新的思考，而不是被侷限在個案的困局裡，我們需要再思索，何者是「因」，何者為「果」？在目前眾多不同理論裡，是有不同的說法，當然也就導出了不同的治療概念。

不過臨床上比這還要複雜些，有些不是那麼容易分得出因果關係，有些則是被說得太容易歸類出因果關係。有不少個案同時出現某些行為，也有出現焦慮（或說焦慮以不同的代名詞現身），卻很難認為兩者之間是有相關的，更沒有何者為因，何者為果的現象。臨床上的確可見行為和焦慮是相互影響的循環，因此假設切斷這循環裡的某個環節，都可能減少症狀，這也是不少治療者的論點。

從精神分析角度來說，在個案的心智結構裡，症狀和起源之間的因果關係，是如何被推衍出來，是個值得探索的重點，並由這些探索而推衍出，人的潛意識的心智機制

是如何運作？以治療的效果來說，就算精神分析有這些知識上的野心，也許不必然有明顯的成效，也很難一句話就說服了個案和專業人員。

並非精神分析取向就不在意治療的效果，而是要如何達成治療效果，精神分析是有不同的方式。以佛洛伊德在《夢的解析》所強調的，不只是將隱夢（latent dream）變成顯夢（manifest dream）的過程，更重要的是，夢是如何從嬰孩期的期望，經由「夢工作（dream work）」的過程，而形成夢的心理機制，並由這些「夢工作」的機制，了解人的心智運作的原則和流程，但自然也得不斷地自問，堅持著精神分析的論點和實務，到底是為了什麼？如果一直問自己這個命題，也許就有機會慢慢理解，什麼叫做「所有歷史都是現代史」的意思了！也讓精神分析一直保持著活力和開放。

例如，以前某些被當作是症狀的行為，都被加上一個專有名詞「行動化（acting out）」，在三十年前精神醫學討論會裡是常聽見的語言，近來則比較少被使用了。「行動化」的概念是來自精神分析的影響，而「行動化」的概念本身就是一種「詮釋（interpretation）」，也就是假設有一種潛意識的焦慮（不被自覺的焦慮）是核心，而外顯的行為（被當作是「症狀」），是以彎彎曲曲的妥協方式，來呈現那些不自覺的焦慮。

只是這些說法將遭遇到難題，這也是精神分析發展的難題；如果硬說某人有不知名的焦慮，那會變成是治療者

的言語暴力，但是如果放棄這種假設，那麼就放棄潛意識的探究了。這是以前的難題，看來也一直會是如此，雖然常聽見個案說「莫名的焦慮」或「莫名的不安」，既然是「莫名」，就意味著在等待命名，但是事情好像沒這麼簡單......要由誰來命名呢？

那麼，精神分析的堅持是為了什麼呢？

4. 找到起源的故事了，但眼前仍然有問題？

其實，說話這件事有些複雜，通常事情並不如表面那般而已，也不是能說出來的那麼單純，大家都會同意常常意在言外，或者有時是盡在不言中。一般人也許會同意這些說法，但這是指針對別人所說的故事，至於自己所說的話，還是不會真的希望有旁人指著你說，你的話不是那麼單純，還有其它沒有說出來的嗎？這是挑戰和挑釁，或者只是純粹的好奇，想要聽到更多的故事，然後假設就有了更多的了解？

再假設，了解當事者更多的早年故事後，目前的問題和症狀就會自然解決了？這種期待是有些像佛洛伊德所說的，消防員趕到火場後，走進了火災的現場，卻只將起火源頭的油燈拿走，然後問題就好解決了？這個比喻很容易被了解，卻也是臨床常見的難題，因為，個案將目前的問題，歸因於早年的事件時，不容易覺得他們目前的困境，

是類似火場的比喻，因此大都仍覺得，只要說出早年的故事後，眼前的問題和症狀就應該會消失了，如果還沒有消失，就容易開始覺得，是治療者沒有幫上他們的忙。

個案可能說出了，他有焦慮或不安，然後又說出了生命早年的一些故事，他覺得那些早年故事是問題的起源，就像是原始的神話故事般，總會觸及人是怎麼來的，一如個案在故事裡，要找出問題是怎麼來的，症狀是怎麼來的。但也常見的，他們堅信早年的某些故事，一定是目前問題的起源，但是何以找到起源的故事了，仍然有眼前的問題呢？因為臨床上還是常聽見，個案以微弱的聲音說，他們有「莫名的焦慮」或「莫名的不安」，這挑起了治療者的好奇心，想回到個案的早年故事裡尋找可能的原因。

這只是不小心的過程嗎？同時候呈現出來的：知道問題起源的說故事和同時覺得是「莫名」的，這是指相同的事嗎？或兩者各針對不同的對象？也就是，當個案把焦點集中在某問題的歷史故事，把那些生命故事當作是問題的起源，同時，也還有其它的問題仍令他不安，因此就冒出了「莫名的焦慮」或「莫名的不安」的說法。

有其它問題令他們焦慮，但還不知那是什麼，臨床上常見的是，大都是以問題起源的故事作為開場，而莫名不安的內容，則以輕描淡說的方式呈現，這表示不重要嗎？那一個比較重要？有起源故事的問題，或者還需要找出問題名稱的問題呢？

通常是很容易忽略那些「莫名的焦慮」，但個案會以

其它方式來呈現這種困惑，如果說在這種情境下，使個案維持著困惑的緣由，可能和這種莫名的焦慮有關，因為它一直存在著，想要冒出頭、想要被聽到聲音，因此一直以各種疑惑的方式呈現出來。也許那些材料是如此苦痛，很難再被自己和他人接觸到，但它本身又想要衝出來表達心聲，因而呈現前述的表達方式：臨場有一些聲響了，卻是以「要」讓人忽略的方式出聲。

5. 享樂原則讓人快樂嗎？

當個案述說跟症狀有關的早年故事時，常常是在明示或暗示，他們的問題是起源於那些故事裡的人事物，也常見個案就算有這些推論，但並未因為歸納出這些早年故事作為歸因，就會改變或改善目前的問題，這是怎麼回事呢？由於個案常會同時出現有「莫名的焦慮」或「莫名的不安」的說詞，雖然常是以輕輕帶過的方式說出來，這可能意味著這些焦慮和不安如果真的被當作是焦點，是否會掀出其它更受苦的事？所謂更受苦，是指相對於目前的症狀所帶來的受苦，還有更受苦的經驗埋在表現出來的症狀之外。

佛洛伊德的「享樂原則」可以作為了解前述狀況的緣由，不過因為享樂原則並不是指做了某種選擇後，會是快樂的享樂，這是常見的誤解。享樂原則是指潛意識裡，人的心智機制（mental apparatus）選擇比較不受苦的方向，

來呈現問題和症狀，但是這種不受苦的選擇，並不是依現實的利弊衡量為依據。

臨床上常讓治療者困惑，明明依「現實原則」的一般計算衡量後，選擇甲案較好，何以個案仍是決定選擇現實上較不利的乙案？這可以用來說明前述的現象，何以個案說故事找出所謂的早年原因了，但對於可能隱含更受苦的內容，卻是以莫名的焦慮作為呈現的方式，這跟以意識的「現實原則」，來斤斤計算利弊得失，依據的是不同的原則。

不過，仍有其它的難題，就算知道了享樂原則做出的潛意識選擇，因此這個原則和內容被意識後，個案的問題是否就如佛洛伊德起初所期待的，就會隨著解決而改善？這是治療者的欲望和期待，但是診療室的實情卻仍有它的難題。首先是要知道什麼是「莫名的焦慮」的路，這是條長路，當事者可能潛意識地仍依這個方向行動，但在意識上卻很難讓自己了解其它的可能性。

另外，如果那些受苦的是一些創傷經驗，就不是容易被浮現出來，一般人仍在這些創傷受苦的表面上打轉，雖說是表面，但對當事者來說，那是他們面對受苦時，多年來所建構起來的生存方式，只是這些生存下去的方法，常是在壓力下，採取享樂原則所建構出來的方式，不是以合乎現實原則，所精心打造出來的成果。若用溫尼科特的說法，是指「假我（false self）」，但是，假我不是假的，也不是一定不對，只是，可能隨著時間和情境的變遷，無法

以目前的現實原則再處理眼前的困局。至於「真我（true self）」是什麼？我認為這是另一個難題，也可能根本沒有「真我」這種東西。

這些要改變的力量和要在原處打轉的力量，在內心裡，它們如何相互牽扯呢？

6. 起初是多麼害怕談到傷痛的地方？

當個案對自己的問題，提出早年故事的版本，作為解釋問題的起源地，但是同時提出「莫名的焦慮」時，常讓治療者陷在困局裡。

尋找焦慮的真正名字，常見的是回到記憶裡的故事，希望看見什麼答案。在精神分析的技術史裡，「起源學式的詮釋（genetic interpretation）」的作法，意圖找出個案當年和重要客體的互動的問題，但在讓潛意識變成意識，作為改變症狀的方式時，常常會被認為是必然的技術。實情呢？這是佛洛伊德的第一地形學（topography），讓潛意識變成意識，但是臨床經驗發現，要帶來改變的模式不是那麼單純。

讓潛意識的意念變成意識化，然後假設可以因此而緩解症狀，這是佛洛伊德對於精神分析這門新技藝的期待。只是任何假設都需要回到臨床上被檢視，結果這個意識化的假設，並不如佛洛伊德所預期的有效用。

　　但是佛洛伊德並沒有完全改變第一地形學的論點，雖然這是來自催眠術的期待，假設了某些核心問題的記憶細節，說出來後就會改善了，但臨床經驗顯示的是，說出來跟症狀消失是兩件事，並不會因為說出來，馬上就改善了。雖然說出來後的起初，有情緒緩解的功能（叫做宣洩catharsis），但也可能馬上覺得很可怕，對於自己竟有某種可怕的想法，而開始猶豫這場探索。

　　有些個案甚至因此不願再繼續治療下去，雖然不必然是以不敢持續下去作為理由，反而常常是以治療沒有效果的方式離開。能夠走下去的個案，在後來某些新經驗後，會對當初的情況有不同感受和形容。有不少個案會告訴治療者，他們在治療起初是多麼害怕談到那些傷痛的地方，怕會受不了而崩潰，從此無法再站起來。因此對於是否繼續下去，起初雖有動機治療，後來卻變得充滿了矛盾。

　　針對前述「起源學的詮釋」效用，何以不如預期的有用，這是怎麼回事呢？如果是不如預期的有效，何以不完全放棄潛意識變成意識化的策略呢？也許心理學不必然一定要談潛意識，但是精神分析如果不以潛意識作為主要探索場域，並以如何讓說話能夠翻譯不被自覺的想法和感受，進而能夠意識化，那麼精神分析就不再是精神分析了。

　　只是必須依據臨床的經驗來修正理論，佛洛伊德並沒有想改變，潛意識變成意識化的方向，但是技術的過程和觀察的重點需要調整。他在《朵拉》這案例的後記裡，曾提到何以會失敗的原因，是他忽略了「移情」的處理。這

個說法出現後，精神分析的技藝就不再是以起源學的詮釋
為主，也就是不再是以探索目前問題裡的早年記憶為主要
方向，雖然個案自然會這麼做，只是治療的技術上，需要
偏重移情的觀察和處理。

　　雖然仍有不少心理學強調，生命早年的經驗，父母是
如何影響小孩子的心理發展，這幾乎是心理學的通論，不
過，還是值得細想一下，特定某人現有的某些問題，和他
們早年記憶的故事是有什麼關係呢？

7. 創傷在「千山萬水」裡跋涉？

　　關於目前特定的問題和早年的生命故事之間的關係，
如何被連結起來，這被當作是「起源學的詮釋（genetic
interpretation）」。雖然這是很容易理解的說法，但是就臨
床實作來說，這種回到早年故事裡，尋找出目前問題和症
狀的詮釋，何以效果不如預期呢？

　　這是精神分析史實作裡的經驗，應該已是不少人的臨
床經驗了，我試著運用具體比喻來說明這種現象。簡化地
說，其實個案在治療過程裡，是如同走在「千山萬水」的
跋涉過程，這個比喻主要是想說明，走到後來再回頭，已
經無法再看見以前所走過的路徑和原來出發的所在地了。

　　我相信治療者和個案應該都會有這種感受吧，在處理
陳年的問題和經驗時，治療過程很少是一直處在歡愉的狀

態，雖然這是不少人來心理治療時的期待，因為如果都是處在愉快過程，應該不會有打開潘朵拉盒子的比喻，意味著要小心，不要任意地打開多年創傷的經驗。

我再進一步談論走過千山萬水這個比喻。例如，如果個案的創傷是出現在生命的早期，假設愈早期的創傷，通常後來所出現的問題是愈廣泛，會波及生活更多層面，由於影響層面多，因而覺得問題廣泛存在，因此個案治療者是可以輕易感受到，個案的問題高度重複地出現在眾多的人際互動裡。

由於問題出現重複性高，因此易有錯覺，讓治療者以為可以一眼看穿問題了。其實直線前後因果關係的「起源式的詮釋」，即是立基於這種假設，以為可以一眼看穿的直線因果關係，以視野來比喻，好像個案從以前到現在，一直是處在平原上，可以站在後來走到的地方，只要轉身回頭就看見原來問題的所在地，卻不知對於這些飽受創傷的人來說，怎麼可能生命歷程是走在平原上呢？通常從生命早年活至目前，是千山萬水的辛苦跋涉過程，不是走在平地上的路程。治療者如果依平原視覺的直覺和理論，以為可以從眼前的問題，只要稍回頭談些早年的記憶，就可以直直地看見原始困境的早年創傷，卻忽略了個案的生命歷程，是已經走過千山萬水，目前是身處在幾座山外的谷底，生命的谷底，自然無法如治療者所期待的，可以一眼看穿目前的問題和生命早年的創傷經驗的直接因果關係。

8. 冰山可以比喻多少移情？

前一篇以人們從小到大，走過千山萬水的辛苦跋涉過程，描述一個臨床現象：經歷早年創傷的個案，他們眼前周遭的問題和早年創傷經驗之間的關係是什麼？試著以經過「千山萬水」的比喻來描述，何以個案走到目前，就算他們述說出當年的困境，有了更多的早年故事，但個案的問題並不必然因為知道了目前問題和當年經驗有關，然後他們眼前的問題就自然解決了。

這個現象，對佛洛伊德堅持的「從潛意識到意識的過程」的說法，是一項挑戰。就算知道生命故事了，就算把不知道的故事意識化了，問題卻依然存在。這個說法仍是有所不足，難道個案目前所說的早年記憶就是全部故事了嗎？是否因為不是全部故事，因此只有部分內容意識化了，仍有大部分還是不自覺的，因此離問題和症狀的改善仍有距離？這是一般想得到的「冰山」的比喻，也許也可以說明，何以只將當年的故事和眼前問題之間連結，仍不足以解決眼前的問題。不過，這是假設目前所說出的回憶，是當年的歷史事實，只是這常是個難以確定的事。

這個冰山的比喻，仍容易陷進另一個困局，這個困局是來自於是否要「往下挖」故事？是否看見冰山以下的現象就可以解決問題？這在精神分析是一個話題：是否技術上，需要再往下挖出某些內容，如同考古學家的挖掘？但

是精神分析的主要技術細節是這樣子嗎？倒不必然。

　　理論上，從潛意識變成意識的概念沒有被拋棄，就是意味著方向仍是如此，但是回到臨床的細節，不可能只靠著這個大方向就可以解決問題，因爲從出發走到問題仍有改變的過程，是充滿了各式困局，隨時可能停下來，無法再走下去，例如，困局可能來自外在環境的現實，如個案換工作或搬家等，但是精神分析者仍不會放棄，從內在心理的角度來觀察這些困局。這是臨床上很常見的情況，因此停下來看看，這時候是發生了什麼事，反而變成了重點。理論上，要看看診療室裡「此時此地」有什麼事正潛在地發生著，一如這時候有冰山需要被觀察和猜測才是重點。

　　這種做法乍看是違反了前述的大方向，以爲個案帶來的診療室外的問題和早年故事的連結，被當作冰山底下的故事，因此個案和治療者在治療過程裡所出現的問題，不太會被當作也有個冰山需要被觀察和猜測，甚至被覺得是需要有所處理才能有動力再往前走。這是精神分析的重要假設，也是重點在於「此時此地」的緣由，套用術語就是要先觀察和處理目前的「移情」，因爲移情被假設是讓這時候停下來的冰山底下的內容。

　　因此可以這麼說，潛意識變成意識化的概念不必被拋棄，但是焦點不再是大家想像的，個案帶來診療室外的問題和早年故事之間關係的意識化，而是治療過程裡每一步都可能出現的種種障礙是更重要的焦點，這些障礙以「移情」方式來呈現，也就是說每一步的障礙，可能反映著個

案原本的困局的一部分，這才是需要被意識化的焦點。但是移情也是「千絲萬縷」，並非老是說著，不要把我當作曾虧待你的父母、不要把我當作壞人等說法，移情就會被解套了，人類的心智運作比這還要更複雜，不過這裡出現了另一個比喻，需要再細看……

9. 阻抗是要比喻那種受苦？

關於個案來心理治療時，談自己的往事時所呈現的多重意義，以及這些故事雖然乍聽是可以幫助我們了解當事者，但我曾重複提過的，我們需要了解和想像，何以知道故事的源頭後，個案眼前被歸類爲源於當年問題的後續症狀並未如預期的消失？這是臨床上常見的情況，常困擾個案和治療者的課題，對於重複出現的臨床課題，我認爲就很值得重複以不同角度、不同比喻，或引進其它學門的概念，來對比想像以尋找可能的出路。想像和比喻的類比，是尋找著出路，而不是只在故事裡，要確定所謂的疾病源頭。

回到觀察診療室裡的過程，有些個案說得很有條理，已經弄清楚目前問題的前因後果；有些個案則是陷在混亂狀態，甚至連自己的問題都很難說清楚。兩者看起來是有所不同，如果從精神醫學診斷學來說，會嘗試從這些陳述裡，捕捉符合現有診斷條例的內容，給個病名；至於精神

分析的傳統，則是試著要在這些不論清晰或混亂的故事裡，尋找個案尙無法說清楚的可能是什麼？不論在清楚或混亂裡，需要發揮觀察和想像力，來假設個案可能有什麼是無法說的、不知如何說的或者不敢說出口的，這是大家都知道的，說話總有言在意外，只是如何讓這種可能有所了解，並落實在人和人的互動過程裡，尤其是精神分析取向的診療室裡。

我雖然說這是精神分析的傳統方式，不過，我相信以台灣的精神科來說，我也認爲前述觀察和想像，也會是精神科醫師在診療室現場的狀況。如果再進一步談，可能就會有所不同於精神分析取向者了。首先，依循個人的臨床經驗和理論，會讓接下來的看法有所不同，例如，以精神分析取向來說，會假設不論個案是以清晰或者混亂的方式說故事，同時都會有著一般常有的「阻抗」現象，因而是否把故事說清楚，也許反映的是，個案對於阻抗所呈現的不同方式，這是人在面對受苦的困境，必然會出現的現象，不是對或錯，也不是應不應該出現的問題。一下子就把問題說清楚的個案，不必然以後的療程就會變得比較快。臨床過程是比這還要更複雜。

從阻抗的角度來說，治療者並不是要逼迫或說服個案不要阻抗，這幾乎是不可能的任務，就算是採取溫柔的態度，也可能不經意地變成某種潛在的暴力，當我們心中覺得個案有阻抗，那是需要被了解和慢慢消化的過程，那只是表示，個案的問題是很受苦，而不同人有不同的處理方

式。不過，治療者的取向不同時，在這個節點上，可能採取不同的看事情和處理方式。

以精神分析取向者來說，要先慢下來的是，不只是從已有的故事版本裡，尋找所謂的成因，因為更受苦的材料，尤其是早年創傷的經驗，常是被潛抑而難以自覺，因此不容易浮現成為讓個案可以捕捉，而作為說明問題的來源。另一種說法是，能浮現被作為原因的故事，可能並非最受苦的材料，不是要個案依我們的理論去做就好了，是需要慢慢來，再來尋找那些被潛抑，卻難以自覺的困難和受苦。在這個節點上的態度和處理方向，就會讓精神分析取向有所不同於其它取向......

10. 說出口的故事是什麼記憶？

通常的期待和假設是，以為說出早年的創傷故事，然後個案目前的受苦和人際困境就可以解決了，這是臨床上個案來心理治療時，常預期的工作模式。只要稍有經驗的治療者都知道，個案強逼自己要原諒以前傷害他的人，但是這種原諒的困難程度常被忽略掉，好像作為人就應該那樣子，而且像翻書那樣，手一翻就是人生的下一頁。

無奈的是，人內心的風會吹回原來的地方，雖然細論起來，是否有原來的地方也是可議的，不過目前先暫用這個比喻的說法。對原諒的困難期待，使得個案甚至會回頭

嚴厲地苛責自己無法正向思考，苛責自己無法很快原諒當年讓他們受創傷的人。

因此臨床上常見的是，以為知道故事了，通常就假設那是故事的真相，然後就變成了既然已知真相，何況傷害他的對方可能年紀大了，或者已不在人世，或者有所道歉了，在這些情況下，就變成當事者自責和苦惱，是自己無法原諒對方的問題了。何以他們無法真的從內心深處原諒對方？甚至有可能反過來，當年的加害者更責備他無法原諒加害者，以及其他人也責怪受害者，何以無法忘懷或原諒加害者？這是相當常見的臨床現象。

受害者反而以當年加害者苛責他的說法和版本，來責備自己，這是受害者潛意識地「認同」加害者的行為，雖然是很奇怪卻是常見的現象。只是受害者通常很困難感受到自己有認同加害者，而辨識出此刻的困境有一部分源自於，受害者認同了對當年加害者的期待和要求，這使得治療的過程變得更複雜，讓心理治療的過程不只是個案存在診療室裡，在心理層面上，由於個案不自覺地認同早年的加害者，因此當年的加害者也間接地透過個案，共同存在於診療室裡。

也就是說，在記憶的口說故事版本裡，個案在不同心情下描述對於加害者有不同程度的恨意，但是在和治療者互動的不自覺行動上，則有部分不自覺地實踐著當年加害者的模式，這可部分說明，何以不是知道故事的源頭後，個案目前的問題就解決了。

　　因為不自覺的行動隱含著早年記憶，而且這些不自覺
的行動，深深影響著個案目前和其他人的關係；至於口說
故事裡的記憶，和行動裡不自覺的記憶，兩者結合才是整
體的記憶。這是何以在診療室裡，無法只以個案口述的故
事，作為了解個案的重要緣由。

11. 記憶是能被說服的嗎？

　　坦白說，要定義什麼是「創傷」，並不是一件容易的
事，雖然在一些診斷條例裡，必須作出可觀察或可操作的
定義。在這系列文章裡，是以成人個案回溯生命早年的經
驗為基礎，臨床上他們認為當年的經驗，是讓他們後續出
現很多困頓的緣由，在這種情況下，當年的經驗透過個案
後來經驗的反芻，被解讀是一種創傷經驗。

　　對於這些早年受創傷個案，在診療室裡的反應過程，
前文提及個案口頭的故事版本，和不自覺行動化出來的版
本的落差，常是讓個案和治療者在診療室裡，陷在重大困
局裡的因素，也就是個案在口頭故事版本裡的自己，和不
自覺行動出來的自己，會讓個案對於自己是什麼，有認知
上的落差，這是不容易克服的課題，也可能是讓治療難以
持續的緣由。

　　在個案的口頭故事裡，他是受到加害者的傷害，但是
同時出現的卻是不自覺的行動記憶，這些行動裡所呈現的

記憶，佛洛伊德在《記憶、重複和修通（Remembering, Repeating and Working Through, 1914）》裡的意見是，這些行動記憶才是真正的記憶，並且在後來的人生裡，常是造成當事者和其他人問題的所在。因為行動出來的記憶版本，常是隱含著個案上演著加害者的行動模式。

最簡單的說法是，個案和周遭人物互動的結局，常像是早就寫好的劇本，都是加害者和受害者交織在一起，所謂交織在一起，是指個案和周遭者輪流陷在加害者和受害者的情境裡，因而讓那些關係都是糾葛萬分，充滿愛恨交織情緒的故事。我依臨床經驗這麼說，但是別以為這是很容易被看清楚的情況，也不是要用這種說法來責怪個案，將周遭要協助他們的人也當成加害他的人，我只是要說明行動記憶的互動下所產生的結局。

對於眼前的結局，不同人站在不同的位置，自然會有不同的感受和解讀，這也是難題所在，是無法強硬說服的，因為任一方想要強力說服對方接受某個觀點時，就算是善意十足，很快就陷進了加害者和受害者的情緒糾纏裡，其中會出現的困局是，如果真的是那麼好的意見，何以需要有付出力氣的強力說服呢？重點在於，要花力氣說服的背後，它的心理動力是什麼？

所謂背後的心理動力，指的是如前述，容易陷進加害者和受害者關係裡的角力，這是很困難避免的情境，也是個案在生活和工作裡，人際困境上常見的結果。這些好像可以清楚看見的觀察，並不是那麼容易被當事者接受，因

為這是一種受苦，人要接受自己可能會做出恨了一輩子的
人的某些類似行為，絕對是一件難上加難的事。

人在受苦情境裡，要看清楚自己的問題，以及對於乍
看是針對不同人事物的愛恨情仇，卻要說這些行為間有雷
同處，而且當事者可能一直在實踐著他所痛恨者的行為，
這絕不是容易被辨識出來的事。這是臨床處理上，需要等
待和消化的過程，並不是治療者有多厲害的技術，就可以
不顧個案的困境而進行加速，因為心理治療的過程，有很
大部分是在於個案如何願意慢下來，才有機會看清楚這些
複雜情緒和關係裡，有一條隱隱相連的線索。

12. 受害者變成被逼著要放下，要往前看？

要先處理個案和治療者在診療室裡當前的問題，就技
術用語來說，是要著重「此時此地」，更進一步來說，是
此時此地的潛在想像和情感是什麼？因此就不再是一直往
古老故事裡挖而已，那可能只是讓受苦者更難以忍受，冒
然打開潘朵拉的盒子後的困局，也是必須考量的因素，而
不是不在意硬往痛苦裡頭鑽。

不是所有人都可忍受這些痛苦，也不能強人所難以為
這就是不勇敢，這是需要慢慢來的，但是臨床上常是個案
急於要打開那些受苦的故事，只是不見得能承受，因此常
見的是說了後就不來了，畢竟，要大家接受以下說法並不

容易，真正要處理的是行動裡所顯現出來的記憶，那是難題，常隱含著對於早年攻擊者的認同，也就是行動上不自覺地有了攻擊者的影子。

當事者很困難接受這種可能性，也不太可能被好好思索，因此常見的是，當治療者或周邊的人以歸納法的方式，收集了個案的行動模式，做出結論，覺得個案的某些行為以及和他人的互動裡，都有當年加害者的影子，雖然個案說自己的故事時是作為受害者。這個結論說法要很謹慎，不然很容易被當事者覺得不被尊重或者污名化他們的受苦。

個案在困難接受這些經驗的情況下，心理上採取區隔分裂（splitting）或否認中夾帶不自覺承認（Negation）的方式，來緩解面對問題的受苦，常見個案提出他和加害者是有不同的面向。人和人之間，當然可以舉出很多不同的地方，但是這種提出不同特質的作法，更是表達著他不同意治療者的假設「個案有跟加害者類似的行為」。

這當然是難題，無法以強力說服的方式要個案接受，也沒必要這樣子做，個案原本一直都以受害者自居時，要真的接受自己也有加害者的影子，就心理治療來說，這是需要時間來消化的地方。如果治療者太過於強迫地要個案接受，自己身上竟有他痛恨的人的影子，只會讓個案更加防衛，而無法思索其它可能性。

這是很痛苦的過程，從精神分析取向來說，個案真正需要先處理的順序並不必然如下：處理故事裡的記憶、修改故事裡的感受以及後續的原諒當年產生問題的對象。這

種方向在個案來治療前，常常就自己走過了，更常見的是個案逼迫自己要原諒加害者。（不過，這經驗是來自願意來診療室的人，至於那些一直是保持距離，不是處在矛盾的人也許另有其它可能性。）

如果要聽出故事裡是否還有其它細節，通常需要先處理個案的移情，因為移情不論是正向或負向，都有可能會難以看清問題，尤其是個案可能很快將治療者當作加害者，是害他無法馬上改善的人，或者是不願意協助他的人，在這種移情下，可見的是個案的故事內容，幾乎是重複著類似的故事，以及強逼自己要原諒當年的加害者，但又同時充滿了恨意，只是這些恨意常很快移轉至針對治療者，覺得是治療者無法讓他們趕緊原諒當年的加害者。實情當然不是如此單純，並不是要不要原諒的課題，只是很容易被如此簡化，在混亂不清的複雜情感下，誤以為原諒是必要且容易的事。這種簡化所引發的常見結果是，如果不原諒就是錯的，反而受害者變成逼迫自己或被逼著要放下，一定要往前看，這是似是而非的處境。

13. 解決問題的答案，在還沒說出的故事裡？

在診療室裡，當個案不自覺地在行動上，將治療者當作是加害者，例如，治療者的時間無法任意更動，影響個案工作時間的安排，或者影響個案無法按時間去接送小孩

上課外的小提琴課等，在這種情況下，治療者變成讓個案無法做好自己本份工作的加害者。

這就是精神分析術語裡的「移情」的影響。所謂移情，是假設個案將早年對於某些重要客體的記憶，以不自覺的行動方式展現在治療關係裡。如果沒有移情的概念，要解決個案調換時間的問題，所依據的就是治療者是否另有空檔的因素，這是純粹只從外在現實的時間來考量。

但是加入移情因素的觀察和思索後，就有其它可能性需要思索，雖然這是想像和假設，例如，如果個案在診療室裡的陳述，是重複說著周遭的人都不夠善待他，那麼治療者沒有依個案意見而調整時間，就讓自己陷在變成是不善待個案的人，不過，臨床上更奧妙的是，個案在移情下的行動，就算是治療者調動了時間，更常見的是，個案仍是難以依照更改的時間來治療，因為還有其它事情出現，影響著個案能夠好好運用更改的時段。這是很常見的循環現象，就是所謂的移情因素的影響，讓個案重複在診療室外的某些類似問題。

在技術方面如何做，不是本文的重點，我先簡明說的是，如何讓這種移情的現象被提出來談論，也就是以說話來代替重複不自覺的行動，不是重複地讓別人都成為加害者，這是原則和方向。不過臨床上當然比這麼說還要複雜，我在此先指出這個大方向。我要說明的是，在精神分析取向的實作裡，我們假設個案對早年的真正記憶，是透過目前不自覺的行動來呈現。例如，個案將治療者當成是

加害人，這卻被當作只是目前一時的現象，因而急著要避開眼前的現象，以為要談以前的故事才是正事，卻忽略了談論和詮釋眼前正發生的移情。

治療雙方可能以為，只要針對個案的早年故事繼續挖掘，如何解決個案問題的答案，就會藏在這些等待被說出來的故事裡，不過，這不是精神分析取向的主要思考。以精神分析取向的經驗來說，在治療過程裡，談論和處理雙方目前正出現的問題，以及這些問題反映著那些潛在心理處境，其實這個方向的談論就是在解決個案的問題了。只是一般大都以為，要解決個案的問題是在故事裡打轉，而不是處理在診療室裡所出現的移情。雖然，詮釋和談論移情，是精神分析取向主要的工作內容和方向，但這不是意味著，治療過程就只能談論移情……

14. 處理移情就是處理個案的切身問題？

關於診療室裡處理個案對治療者所出現的移情，何以就是處理和解決個案的切身問題？

這的確不是很容易被了解的課題，雖然這是精神分析取向的重要技藝。如前所述，一般常是集中在說出當年的故事後，再原諒相關人，認為這樣子就是解決了問題，但是這個工作邏輯並不全然符合臨床經驗，雖然也可以說，不少人以這種工作邏輯就解決了問題，當事者也原諒了當

年的加害者，不能說沒有這種可能性。

　　不過，我針對的是診療室裡常見的個案，他們就算知道了故事的緣由，也想要原諒當年的加害者，但是個案要怎麼做呢？只是重複叫他們要原諒、要放下、要往前看就可以了嗎？在這種情況下，這些被期待有療效的語詞，反而變成某種折磨，隨時打擊著個案的痛處，好像如果一下子做不到原諒加害者，自己就又多了一條罪，無法原諒別人的罪。

　　無法原諒加害者變成是個問題，甚至，無法原諒別人變成受害者因此被責備的問題，其實會來心理治療者，大都是處在這種矛盾情況的人，至於那些多多少少解決了問題，或者採取隔絕或否認而不願碰觸這類問題者，他們通常不會來診療室尋求協助，因為，面對這些矛盾情緒的起伏，是一場很辛苦的折磨，如果能夠隔絕掉通常就不會想要處理。

　　所謂的移情，是在診療室裡「此時此地」所出現的行動，個案將早年的經驗以不自覺的行動化方式做出來，例如，治療者無法配合個案要求調整會談時間，就被個案不自覺地當作是加害者，治療者變成了破壞個案解決問題的人。這是佛洛伊德在《記憶、重複和修通（Remembering, Repeating and Working Through) (Further Recommendations in the Technique of Psychoanalysis II), 1914）》所說的，真正的記憶，是出現在行動裡，這是一種「心理真實（psychic reality）」的反應，雖然個案意圖陳述「歷史事實（historic truth）」，但精神分析取向的工作是，更著重心理眞實的工作，因爲就算歷史事實擺在眼前，影響當事者的是，心理上如何詮釋那些當年事件，也就是心理眞實是重點。這些心理眞實是以不自覺的行動方式，出現在移情關係裡，而詮釋和處理移情，就會涉及到個案對於當年在歷史事實下的心理眞實，這也是何以精神分析取向的工作重點，在於觀察和詮釋移情的緣由。

15. 觀察和詮釋移情會帶來改變？

個案對治療者的移情所隱含的心理眞實，被假設是源自於生命早年的經驗，對那些早年受創傷的個案來說，他們所隱含的記憶，包括意識上記得的故事，和潛意識裡不自覺的行動記憶。佛洛伊德認爲這種行動記憶，才是眞正的早年記憶，這是針對「心理眞實」來說的，是不是「歷史事實」，也許需要重新再定義什麼是歷史事實，也就是假設在生命早年有心理史，並不是以成人式的語言記憶的方式存在，而是以退化如小孩般的行動方式作爲記憶。

個案在平時和周遭人物的互動裡，可能不自覺地讓自己和別人之間，變成是加害者和受害者的關係，個案自覺是不被善待、是受害者，但是周遭的人卻可能覺得他們常被個案所剝削。個案常常難以接受別人眼中的自己，或者最常見的是，將周遭人當成加害者，這種現象可能重複出

現在生活的很多層面。

　　就精神分析取向來說，工作的焦點是對於這些移情的觀察和詮釋，詮釋移情裡個案的行動模式，以及它的可能意義。重點是在於探索移情所呈現的可能意義，並假設經由這些意義的探索，因而對於自己有不同角度的了解。不過，這種處理方向並非如行為主義者的處理，是以直接改變這些行為作為目標。臨床上當注意力集中在移情的觀察和詮釋時，將使個案的行動記憶，變成可以觀察，也可以發現其中的意義。

　　雖然不是以直接改變行動為目標，但這是新認識自己的方式，也是認識自己在行動記憶裡，「自己是什麼」的重要方式。這些行動的記憶是不自覺地呈現，出現在個案和目前周遭人物的困境裡，也會出現在和治療者的關係裡，這是何以臨床上觀察和詮釋移情，會帶來個案改變的緣由。這些改變會出現在他和治療者的互動裡，也會逐漸出現在診療室外，影響目前和周遭人物的互動關係。

　　理論上，個案可能在這些移情改變的基礎上，減少外在生活上的壓力和衝突，個案才比較有可能再更自由地，以不同的觀點重新詮釋自己記憶裡的故事。不過，我無意也無法說，一定是這個流程，只是就我個人的有限了解，目前精神分析取向是較傾向如此想像，心理治療的整個過程。

16. 原諒是否隱含著認同加害者？

　　以精神分析取向來說，是先觀察和了解行動所呈現的記憶，以及慢慢接受這些行動記憶裡的情感和想像後，個案比較有可能再重新想像和詮釋原來的故事，然後個案才能夠以新的自由，重新詮釋當年的故事，並因為這種重新的詮釋而的確有所改變。最困難被接受的行動記憶是，個案不自覺地接收了當年加害者的種種行動，例如，暴怒、苛責等等。

　　這是精神分析取向的處理方向，簡化的說法是，假設個案藉由在移情裡親身經驗行動所呈現出的記憶，並在這種經驗裡有新的了解，也就是在和治療者的關係裡，經驗到種種移情，並透過詮釋和談論而有所了解這些移情。在診療室裡，如同當年困境裡的實際征戰經驗，會出現在和治療者的關係裡，而不是只在陳述回憶早年的故事時，憑空構想如何解釋當年發生過的故事。

　　再換另一種說法，治療關係裡出現的移情，假設是個案不自覺的早年記憶的外顯，因此處理移情就是在處理個案的實質問題。只是這種說法如果不是親身經驗，是很困難被接受，這是因為前面文章重複提過的，大家常以為要從古老故事裡找到解決方式，忽略了在移情裡所不自覺展現的記憶，是更貼近生命早年的記憶。在移情裡，出現的是行動記憶，是實質的將早年困境不自覺地搬出來操演。

　　移情的現象可能很明顯，但並非處理和詮釋一次後，移情就解決了，這不是實情，因為移情本身也是層層的防

衛，或者依佛洛伊德的說法，移情本身就是一種阻抗，而阻抗是需要一層又一層地觀察和詮釋，然後漸漸獲得的自由，個案才能使用這些新自由，重新說明當年的故事。

早年的故事在述說的過程裡，會發展出不同的觀點，就在這些不同觀點下，當個案對於早年故事裡的人物，經由移情的處理而有新的了解後，原諒才能逐漸發展出來。在新獲得的自由下，所產生的原諒會比較貼近合乎現實，是比較能夠做得到的原諒，這種情形跟有些個案起初以嚴厲苛責式的，逼迫自己原諒加害者是有所不同的。因為起初出現嚴厲式的原諒，是帶著苛責自己的強迫性質，常是隱含著認同加害者的方式，這種原諒只是口頭式的，實質上卻只是苛責自己，就像當年加害者的暴力式苛責。

逐步處理移情裡的行動記憶，經由治療裡移情的實戰經驗，接受自己潛在的情感和想像，進而有新獲得的了解，這才會讓個案能更有自由，不再只是重複地以加害者的方式，嚴厲苛責自己要原諒別人。

17. 在診療室裡說故事等於說夢嗎？

在心理治療裡，是事後回頭說生命早年的歷史，這些故事的堆疊當然也是記憶，但是談論記憶裡過去史的故事時，常是正在反映著現代史裡當前的課題。這是什麼意思呢？有人說所謂歷史都是現代史，準確的說法是，談論過

去史的故事時，是反映著正在發生中的事。這句話在精神分析取向裡，是值得再思索的地方，尤其假設潛意識是缺乏現實時間感的順序，從這模式來說，過去史和現代史的分野，是意識層次的概念。

以臨床事實來說，個案談論當年的故事，精神分析的技術不會只是留在個案的口頭故事，因爲故事作爲工作的焦點，是在於提供一種參考點，和其它不是以話語方式呈現的行動記憶相互比對，我們會假設的疑問是，個案說這些故事只是說以前的故事嗎？或是正在反映臨床裡當刻的事情？

直接的想法是，個案說早年的故事時，是否潛意識地反應著，說故事的當時對於治療者的某些潛在看法，例如，個案說當年因爲自己說了某些眞話，而被父母打罵或者被拋棄，我們是無法查證這句話在歷史上的眞實性，那麼個案在說這故事的當時，有多少成份也在述說他們擔心治療者不願聽他說眞話？因此個案觀察治療者的表情和說話語調，是否有時流露不耐煩，或者有時看見治療者想打瞌睡的模樣，這些現象就好像印證了個案心中，覺得治療者對他們不耐煩、不想聽他們故事的想像。

不過，個案在這時是不是眞的有這些潛在意念呢？前述例子只是表淺的平行式想像，例如個案述說過去史時，是否有現在史的內容正潛在地進行著？這只是一種工作的假設，從這種假設出發開始工作。只是在實質的過程，由於創傷經驗的受苦，被層層地覆蓋，後來很難直接再經驗到那

些受苦，因此會是比前述假設有更複雜彎曲的揭露過程。

個案說出來的故事，在某些方面是像個案說出了夢的內容，因此處理故事的內容時是有點像夢的分析，只是顯夢的內容雖然比較曲折隱晦，大家已接受夢就是這樣子啊，至於個案說自己的故事本身，通常有時間順序，有前後因果的關係，這是否如同於在說一場夢？因為一般人對於故事內容已有它的曲折起伏和前後因果，因此比較不容易接受個案說故事時，只是類似於說著夢那般，是零零散散的素材。

這是精神分析取向的工作模式，聆聽個案談故事是類似談夢的內容，都涉及治療者的觀察和想像，不會只屈就在故事和夢的實質內容。不過既是有治療者的想像和推論，當然沒理由說個案一定是這樣子，但這的確是精神分析取向的實作方式，這種方式是如此不同於一般的互動，要將個案的故事當作夢那般重新處理，但是，當治療者這麼做時，個案可能會覺得自己的故事沒有被當作正事來處理，因而可能對治療者感到不滿，讓治療雙方處於緊張關係裡。

18. 治療者要先節制想要個案痊癒的欲望？

採取精神分析取向的模式，傾向不是直接在個案的故事上工作和建議，這種治療技藝在臨床上最常出現的反應

是，治療雙方一時之間陷於無能為力的挫折感裡，雖然溫尼科特說，不是完全的滿足而是有適度的挫折感，是心理治療走下去的重要推動力，那是個案自身產生的推動力。但是什麼才是適度的挫折感呢？也許是指就算有挫折，沒有馬上得到需要的答案，但是在尚可忍受的範圍內，因此治療仍可以持續下去。

這是治療者可以完全掌控的嗎？其實很困難，治療者如果愈想要掌控，是否有可能反而離個案愈遙遠呢？臨床上的確有不少個案難以忍受這種挫折，尤其在經歷了長久的生活挫折後，就算有一些說明或者個案看過一些文章，知道精神分析取向是緩慢的流程，不是以馬上能夠獲得建議作為方式，也難以再走下去。

但是個案進入診療室前，通常是過度理想化了精神分析和心理治療，以為長年問題可以說出來後，很快就會被解決，因此對於治療的缺乏進展常常很快顯露出挫折。不如預期般有所改變所帶來的挫折，讓人流露出原始的反應，或者說是流露出如同小孩般的不耐煩。什麼是小孩般的舉動和不耐煩呢？這種說法是行動的記憶，是人們對於生命早期的真正記憶。

如果治療者了解要走得更廣更深刻的經驗，而不只是在表面故事上打轉時，在治療過程裡，這種挫折是必然發生的。治療者可能會因為被個案的理想化需求而逼得很挫折，好像自己變得一無是處，只是一位無能的治療者，在這些有形無形的壓力下，治療者潛在地為了避開無法很快

幫上忙的挫折，很容易讓治療者走向被逼得要一針見血，說著某些深刻卻很受苦的故事，只是這時候說得話語，常是太過尖銳的答案，就算治療者是以很溫柔的口氣，不過，畢竟一針見血的說話本身，對於原本閉鎖的受苦記憶，就是一種攻擊和挑釁。

這是陷在分裂機制（splitting）裡，從受害者變成加害者的反應，也是治療者可能出現的臨床版本，不是應該或不應該出現這些感受和現象，而是難以避免的過程，這是佛洛伊德何以強調治療者能做的是先節制（abstinence），尤其是節制欲望，想要個案痊癒的欲望。

如果能夠如此，也許就有機會慢慢前行，雖然慢下來常是很大的挑戰，因為多年累積的困局和受苦，大部分人在有機會出現時，就會想要改變得更快些，雖然以前已經等待很久了，但是如比昂（Bion）所描述，經過飢餓等待後，當乳房來了，有了溫暖進入嘴巴裡，急切之下可能吸咬得更用力，在溫暖裡恨意才油然而生，這時的恨意是針對誰呢？其實很難分清楚，而精神分析和心理治療的存在，卻是這樣子開始的……

劇 本

（另一種劇本：叫做內心戲的）

創傷：每一個人都有戲

這是劇本嗎？

我不知道，但希望它是，我希望它是就會是嗎？它是某個人的故事嗎？當然不是，是我坐在電腦螢幕前編織出來的，所以它是劇本，不是真的人生。它能不能被別人演出來？我也不知道，是否有人能夠記起這麼長的台詞，或者有演員可以在消化這些後，能夠不靠說話演出這些場景？不過，我仔細想想，這不是我的事，我怎麼管得到，演員要怎麼表演被編織出來的人生呢？尤其是還有很多不知道的⋯⋯

如果有人說這太真實了，不敢演，我會嚴肅說，嗯，這很真實，但它的真實是因為在人世間的現實裡，我不曾聽過有人清晰說出來，因此他說出來就顯得更真實。

演員

他：十六歲少年

我：三十多歲女性

爸爸：他的爸爸

媽媽：他的媽媽

序幕

（黑暗中，只聽到聲音，一位女人的說話聲。她像是對著很遙遠的他方，在說話。）

　　他說自己是第三號男孩。我怎麼可能知道那是什麼意思？他以肯定的口氣告訴我，他就是第三號男孩。好像我必須知道這句話的背景，不然他和我這場戲碼就走不下去了。

　　我遇過各式各樣的人，也算是老江湖，我竟然帶著開玩笑的方式說，我是老江湖，沒想到他竟然從椅子上跳起，要來抱我。我可不習慣被人擁抱，我舉起雙手手掌向前，示意拒絕。我怕他會覺得心理太受傷，因此我仍帶著笑臉。他起身後才跨出半步，就把腳縮回去，整個人掉回沙發椅，嘴巴喃喃地說，我們是不同國的人。

　　我們就是這樣子開始我們的工作。我提醒自己要小心，不要隨便開玩笑，不然不知道會惹出什麼麻煩事。

　　當他說再見時，我卻突然知道，他要說的是什麼。

第一幕　他的戲碼（他想對父親說）

（燈光突然亮起。我坐在角落離他最遠的椅子上，他坐在地上，對著前方說話，雖然像是說給我聽，可以聽得出來，他是想和他爸爸說話。另一張椅子倒下來，是他剛剛

踢那張椅子到舞台的右後方。）

他的獨白：

　　我為什麼要找她說話？哪有被逼著要說話的呢？是我父親一手策劃，要我一定要跟她談話。我爸說：你就去跟她談談嘛，反正如果你不想跟她談，我不會逼你。這是哪門子的事，不會逼我？明明就是逼我去，卻又嘴巴不承認，好像如果我去找她談，那是我自己願意的，跟他無關。

　　我知道我如果再反抗，他一定不會就罷手了，一定會再使用各種招式來逼我，但是他不會覺得是在逼我，我幾乎已經確定，他這輩子大概不太可能會知道，他是多麼逼迫我？我相信他是不可能改變喔。不，不是，不可能改變，他根本就不覺得在他的身上有一種會逼迫別人的東西，好像那是別人的，在他身上從來不曾有過這種東西，嗯，是東西沒錯，是那種可以被丟掉的東西。真的，你不相信嗎？就是有這種東西存在，我不知道如何證明我父親是這樣的人。

　　我只能說，我跟他相處十六年了，但是我相信任何人只要跟他相處五分鐘，就會完完全全明白，我說的逼迫是怎麼回事？

　　甚至我必須吞下我的反抗，我的反抗只是讓我必須再吞下他更多的逼迫。他的無辜是可以壓死一切一切的善意，我相信，我的善意一定就是這樣子被殺光了。如果有人問我，是否還有善意？我一定否認我有善意。

　　我才不會像他那樣，嘴巴和行動是分開的，好像是來自不同的人，嘴巴說著一件事，行動卻做著另一件事，這也是我最難受的地方，好像嘴巴是另一家的人，從嘴巴說出來的話，壓迫了我後，就不再屬於我們家了。

　　有人了解我這種說法嗎？我可是花了十六年，十六年，才知道我要這麼說，才能表達我的想法。

　　既然那麼早就說到他的嘴巴，我就再多說一些吧。雖然我很痛恨他的嘴巴，以為我會完全避開說到他的嘴巴，沒想到，這麼快就談到了。他的嘴唇，有些厚，從兩片嘴唇裡吐出來的話，卻是相當薄，是相當刻薄的薄，是很困難說清楚的薄。

　　這也是我覺得很無奈的地方，如果我有機會，一定要找出另一個詞來形容，這個詞的條件是，要讓我的無奈有個閃避的空間。我目前只能找到刻薄的薄，當我這麼形容時，我發現自己就陷進去了，奇怪，我怎麼會說我是陷進去呢？

　　這不是我一直在抵抗的嗎？我卻找到這個字，來讓我陷在裡頭，走不出來，是這樣嗎？我相信不是這樣子，這不是我自找的麻煩，那是自然跑出來的字，我只能被動地接受這個形容。

　　明明是他逼我要找人談談，他說找人談談時，談談這兩個字的語調是，他根本也不相信我跟別人談談是有必要的。他覺得我只要聽他的話，就一切沒事了，何必找別人談呢？何況，如果談了太多家內事，他也必然不高興。

　　例如，他是如何讓我的繼母走進家門？當初他如何逼走我的母親？雖然我一定不會再跟任何人說這些往事，他一定很怕這段不太光明的往事讓其他人知道，何況，他一定覺得，別人所說的故事是扭曲的，不是他心中認定的故事版本。

　　他當初逼走媽媽的方式，現在就要運用到我身上了。我才不會那麼笨，不會上他的當，我不會像媽媽那樣，認輸了，離開這個家。當初我篤定要留在這個家，就是為了我不要服輸，就算我如果輸了，我也不要輕易服輸，這是我對他的態度。

　　他竟然要藉著我跟別人談談，來逼走我，我才不會說那些往事呢！談了又有什麼用？都已經是過去的事了，媽媽也不在了，我何必再去掀起這些往事呢？但是，我還不知道，為什麼他竟然說我近來亂交女朋友，藉著這個理由要我跟別人談談？

　　為什麼由他來定義是不是亂交呢？他不是亂交嗎？雖然我早就知道，媽媽跟別人有親密的關係，我也在床旁看過，媽媽跟別的男人在做那件事，雖然那時候我才學會走路，並不表示我看不懂那是什麼事啊。

　　這種事不是只有我家發生過，也有很多人家裡有類似的故事。我不管別人家的故事，我只管我家的事，我一定要緊緊守住這個故事。我相信，他一定還不知道這件事。但是他竟然以我亂交女朋友為理由，逼我跟別人談，這不是太過份了嗎？我不過是想知道女人是怎麼回事？

　　他以我還在讀書，不應該交女朋友作爲理由，威脅我如果不找人談談，就要把我送到醫院關起來。唉，什麼時代了，還有這種理由和威脅的方式。

　　不過，我不會跟他正面衝突，只要正面衝突，他的嘴巴就會發揮最大功能，逼得我無法招架，我抵擋不了他說話的理由，每次都是理由充份，是四四方方的理由，我不知道他從那裡找到那些理由，我根本反駁不了的理由。

　　雖然歸根究底就是，他是愛我的。他可以說成千百種說法，光是這些說法就足以淹沒我，讓我有沈浸在水中的感覺，會淹死人的理由有效果嗎？根本沒用，但是我只能在他說出來的理由裡，學習能夠浮在水面上就好了，這是我唯一學到的技藝，很珍貴的人生技藝，在人生裡浮浮沈沈，至於水中含著什麼道理，就不是那麼重要了。

　　他根本就不知道這些，以爲我的沈默配合，是依他的路走。我才不會笨到走上他的路呢！他根本不值得學習，我只要學會在他的話裡浮浮沈沈，不要被淹沒就好了，我根本不想知道他說的是什麼話。

　　甚至，他最近一直催促我要找人談談，也不是真的要幫助我，讓我能夠做自己，讓我能依自己的方式做自己。別人跟我談這件事，他根本就不相信結果，但最讓我猜不透的是，他何以這麼催促我？

　　要和別人談自己的問題，這可是件大事啊！我怎麼會知道，我該談什麼？不該談什麼呢？我第一個浮現的是媽媽的事，但是偏偏這是最不可能談的事，何況媽媽的事跟

我現在的問題根本沒什麼關係。

　　竟然，我腦海裡浮現的是，媽媽的事，這就是我根本不相信談談是有用的原因。他要我談的是，我不能交女朋友，他從來不曾直接這麼說，以為這麼說，會違反我的權力，但是卻叫我跟別人談談，只是我卻想談媽媽，這不是讓事情都攪在一起，變得更麻煩嗎？

　　我現在根本沒問題，如果有問題，也是他的問題，他硬要說成是我有問題。我無法反駁，這是無法反駁的，再多的說法只是讓他更加認為，我就是不願聽他的話。不過，我不知道到底發生了什麼事？這一次，竟讓他改變心意，不再是我不能說，但是我能跟別人說什麼呢？

　　我能把沒問題的事說成是問題？然後，請對方給我意見嗎？我也不可能接受不是問題的答案啊。如果有，那是什麼答案啊？

　　在我談了第一次後，他在門口等我，一見面就問談了什麼？奇怪了，如果要跟他再談一遍，那我何必跟另一位陌生人談呢？他真的是要聽我跟別人說過的話，再對他說一遍嗎？這是什麼意思呢？為什麼不直接要我跟他說就好了？不過，他大概也算準我不可能跟他說什麼心裡話。我甚至不知道，我是不是有心底話之類的東西，難道那些不想對別人說的話，就叫做心底話嗎？

　　更好笑的是，他問我跟別人說了什麼時，好像他寧願吃別人吃過的東西，雖然我沒說什麼，我卻一時興起想對他說，我對別人說了什麼，但我還沒把這個想法想清楚

前，我就脫口說出，我跟別人說了媽媽的事。

其實我根本沒提到媽媽，連這兩個字都沒出口。我在沈默時，是一直想著媽媽的事，一面想：我不能說出來。我跟他說，我談了媽媽是如何受苦，卻說不出來。我是故意這麼說，雖然我從小就親眼看見，媽媽和其他男人間的糾纏，不過，這些我一定不能談出來，這是我唯一的秘密武器，雖然媽媽已經不在人世了。

當我想到媽媽的秘密是我的武器時，我突然停頓下來，他一直逼問我，到底說什麼？我提醒自己，就是不說。我是納悶，武器是什麼意思？我不曾有過這個想法，我怎麼會想將媽媽的秘密當作武器呢？這太不合道理了。

那個秘密只是讓我很痛苦，讓我難以承受的事，怎麼會是我的武器？如果說是防衛的盾，我還可以接受，因為我活在這個秘密裡，把我包在裡頭，讓我動彈不得。

他對於我的沈默顯得不耐煩，但是他反而走得離我更遠些，我知道，這是他要逼問我的另一種策略，他會沈默，離我更遠，好像要讓我更孤立無援，他以為，只要我孤立時，我就會告訴他我心底的話，他一直以為我會這樣做，不過，根本不可能，我只是順著他的意，隨意編了一些好像是心底的話，那是他想要聽的話，不是我真正心裡想說的話。

只是萬萬沒想到，他竟然真的逼我要找人談話，談我心中話，要我說出為什麼一定要在高中時就交女朋友？他的表情是，何必這麼早呢？我只是心裡冷笑，這有什麼早

不早的問題，難道要我找人談，只是要別人替我做出這個結論嗎？

要我不要太早就做大人的事嗎？唉，我只不過就是認識一個喜歡的女孩子，有需要這樣大驚小怪嗎？這是什麼時代了，讓同學知道他這麼做，我豈不是被同學笑死了，雖然我很少跟同學有來往。

他不知道我為了要守住媽媽的秘密，我的日子是過得多麼辛苦，我唯一能做的是，不要多嘴，他就是太多嘴，要我聽他這，聽他那，根本就是不想要聽我說話。雖然我早就為了守秘密，變得很多話都不能說，以免說溜嘴，我就是這樣子才慢慢變得無法跟別人來往。每當跟同學往來後，不久，不知為什麼，我就有股衝動，想要告訴對方，關於我媽媽的事。

我早就決定，絕對不能跟任何人，談到媽媽當年的事。我聽到她的呻吟聲時，我的心早就破碎了，碎滿地了。每當有衝動想跟朋友談媽媽的事時，我就趕緊離開對方，不再跟對方來往，就這樣過了十幾年了。我已經很有把握，媽媽的事已經不會再影響我了，我很有把握，絕對不會對任何人談到媽媽當年的往事了。沒想到，我最近喜歡一位女同學後，老師竟告訴父親說，我變得怪怪的。

戀愛中的人，當然是怪怪的，這有什麼好稀奇嗎？偏偏老師跟父親說，父親竟然認為我需要找人談談，能談什麼呢？我早就決定，這輩子不跟別人談了。我才不相信父親真的接受我跟別人談，而我開口說的話，都不是他能夠

承擔的，也絕不是他想要聽的話。

　　我不說出來，還不是為了他，我只要說出媽媽曾做過的事，我保證，他以後在我面前絕對抬不起頭來。怎麼可能還會讓他在我面前說東道西，要我什麼都聽他的，好像他什麼都知道，包括我的未來他也早就知道了，逼我一定要聽他的話，我才有未來？

　　我只要守住媽媽的秘密，我就不會有事了，這是我的未來。

第二幕　他的戲碼（他想對我說）

（他獨自坐在海邊。聽著海浪聲和風聲，颱風就要來了，偶有波浪的水氣撒在他身上，他以前常在颱風要來時，就往海邊走。）

　　我才不會跟她說我的心底話。

　　一來，我幾乎已經沒有心底話了。二來，跟她非親非故，我幹嘛要告訴她，我的心事？真奇怪，還敢宣稱我可以告訴她任何事，開玩笑，憑什麼，她憑什麼這麼說？憑什麼對我有這種期待？

　　我又不是為了符合她的期待來過日子，雖然她總是略帶笑意的臉，看來無害，為什麼只因為她有笑意，我就要告訴她我心底的話呢？何況什麼是心底的話？我都還不清楚那是什麼，我為什麼一定要開口說話？

　　嗯，我就是要沈默，沒有人可以逼我開口說話，不論她是否和善客氣，如果她的和善客氣只是爲了讓我開口說話，我爲什麼一定要買單呢？只因爲臉上的笑意？算了，不要再這樣子了，任何只是要我說話的做法都無法打動我。我不說就是不說。

　　如果誰敢要求我一定要說，那麼我就更不說，只因爲老師告訴我父親，說我最近開始要交女朋友，這就是犯罪？就要我找人談談？唉，什麼嘛，找人談談！我這一輩聽到最讓我噁心的話，就是這句話，你要不要找人談談？一副很開明，要聽我的意見，根本就是設定了，一定要我找人談談，我絕對不彎腰，要守住自己的底線。

　　我的底線是什麼？問這問題的人也未免太蠢了吧，那有人這樣子問的，直接挑戰我的底線，問我的底線是什麼？到底是怎麼回事？竟然有人這麼直接，我連底線這兩個字都還沒說出來過，她就直接要來挑戰了。喔，不，是挑釁，不是帶著笑意就可以沖淡的事。我怎麼可能因爲她職業的笑意，就把我的心底話透露出來呢？

　　當初，媽媽都會買一根棒棒糖給我，我就在旁邊等她。我還深深記得，如果那是圓圓的棒棒糖，我一定用舌頭，專舔一個角落，直到那個角落愈來愈明顯，可以在我的嘴巴裡明顯知道，這個圓已經不再那麼圓了。

　　接著，我才開始舔其它部分。我都是這麼專心吃棒棒糖，舌頭在棒棒糖上滑動時，讓我很快樂，那時候是我這輩子最快樂的時光。我只要專心地舔著棒棒糖，不要叫媽

媽，不要說話，不然媽媽會很生氣。有一次，我看見媽媽
整個人趴在那位叔叔的腿上，媽媽的頭一直搖動，說很好
吃。我從嘴巴裡拿出棒棒糖，跟媽媽說，很好吃，我也要
吃。媽媽回頭對我說，如果我再說話，再叫她，下一次，
她就不再買棒棒糖給我了。

　　我不記得我是否再多說什麼？後來，我都還是有棒棒
糖，因此我知道當媽媽回頭對我那麼說時，我應該就沒有
說話了。很多年後，有一次，我才突然想起來，那一次我
沒有再說話，不是媽媽說，不再給我棒棒糖。

　　我知道媽媽一定會給我棒棒糖，說不給我，只是一時
的說法。那次我突然不說話，是因為我被嚇到了。怎麼媽
媽的嘴巴旁邊，有一支那麼大的棍棒，我的棒棒糖吃完之
後，剩下的竹棒，只是很細很細的一根。

　　這些情況，我都不會說，我只記得，棒棒糖很甜，很
好吃。我的舌頭會出現很多色彩，我只對她說，我的舌頭
出現很多色彩。我伸出舌頭要她看，但是她卻動也不動，
根本就不理會我，談我的舌頭很奇怪嗎？

　　不是叫我什麼都可以說嗎？我跟著做了啊，我談我的
舌頭時，為什麼她的笑意馬上凍住了？雖然她很快恢復原
來的笑意，那只是她要顯示她很專業，但是她專不專業，
干我什麼事？她做她的事，我有自己的路要走。

　　嗯，對，我有自己的路要走。雖然我不知道到底要走
向那裡？因此我才試著先找女朋友，沒想到，我才這麼
說，根本還沒有動作，就惹來了一堆麻煩，被老師和父親

逼得來找她談。我不知道爲什麼要找她，一個女孩，年紀不太大吧？也許才畢業沒多久吧？可能還沒有男朋友吧？不過就算她有男朋友，干我什麼事？我早就決定，心意已決，不跟別人談任何心中的事。她也是別人，跟我父親和老師一樣，都是別人，只有媽媽，不是別人。

但是媽媽都太忙了，每次，我只要開口跟媽媽說話，她就知道我已經要說話了，媽媽總有辦法在我的聲音走出喉嚨前，我的耳朵就會先聽到，我很忙，你先去寫功課，你先去幫忙做什麼事。但是跟那位叔叔在一起，她就有時間，雖然他們在一起時，也都是很匆忙緊張的樣子。起先，我一直以爲，她們是要在我吃完那根棒棒糖前，再穿好衣服，帶我離開。但是我沒有要趕他們啊，後來，我也都慢慢舔了啊。

我有說話吧，不然，她應該不會要我再多談談家裡的情形。我怎麼不記得，我剛剛有談到任何家裡的事啊？她怎麼就直接問我，家裡有什麼事？她怎麼會知道，我家裡有發生過什麼事？

我不相信她有預知的能力，不可能，我還沒有說出家裡的任何事前，她就要我談談家裡發生什麼事？我不確定她是不是這麼說，家裡發生什麼事？或者只是說，談談家裡的事吧？不過，既然她只是問問，我就不必太認眞，以爲她眞的有興趣知道我的故事。

我那些故事是媽媽不想聽，爸爸聽不下去的故事。我眞的什麼都不想說，都已經過去那麼久了。以前都不說

了，怎麼現在拿出來說呢？我不會因為她一直擺有耐心的笑意，就以我的故事來交換她的笑臉。我可不來這套的，以前曾有同學說，要跟我交朋友，三天後，就對我的家人充滿好奇，問東問西，我就是先以笑臉回應對方，但是我的笑臉只是拒絕的意思，沒想到那同學可能會錯意了，竟然仍一直追著問我家人的事。

我只好臭臉讓他看了，他才覺得無趣的離開，隔天就不再理會我了。我可不會只為了讓她不臭臉對我，我就要說出我的故事。對我來說，其它的事，我不在意，因此不會想說。媽媽的事，是我最在意，是我心目中真正的故事，其它的，都只是圍繞著故事旁邊的小菜罷了。我這麼說難道會太奇怪嗎？我心中的往事，就是媽媽的故事，其它的，對我來說，都構不成讓我覺得是重要的往事。既然不是重要的往事，那何必多說呢？

我這輩子就是一直守著那些，對我來說重要的往事。我曾研究過外國的城堡，或散置台灣各地的老舊防空洞。我要在心中建造一座安全，可以守得住的堡壘。我早就決定，一輩子都要守住我自己的往事。

我一直以為這是我的重責大任，為了媽媽，也為了父親。但是媽媽卻先走了，沒有留下任何話，單獨給我的話語，隻字片語都沒有。怎麼會這樣子？她那麼早就走了，沒有任何想要對我說的話嗎？

難道是我一直守住堡壘，不讓我的往事隨意流露出來，反而讓媽媽覺得，她可以安心地走掉嗎？這太不公

平，到現在，我還在幫她守著秘密，她卻自己早走了，連先告訴我一聲都沒有，難道，我真的那麼不重要嗎？如果我不重要，她何必生下我呢？何況，她從來不曾說過，我不重要啊！我大都吃著棒棒糖，安安靜靜，沒有吵她。回家也從來沒有對父親說過任何話啊。難道，我都是白做的嗎？

嗯，有些奇怪，為什麼面對著她，這位年輕的女人，當我決定閉口不提我任何往事的時候，媽媽的事情，卻反而一直湧上心頭，或者說湧上喉嚨，讓我有幾乎要被窒息的感覺。我需要喘氣，我需要新鮮空氣，屬於我的空氣怎麼都會被搶走了？難道媽媽帶走了我需要的新鮮空氣嗎？我是走進來這裡，才出現空氣稀薄的，一定是這裡有問題。嗯，我一定要守住自己的往事，好好的守著，不然，連空氣都會完全不見了。

不，我不能被打敗，就算這裡空氣變稀薄，莫名地讓我想起媽媽的往事，但不論如何，我就是要守住自己的故事，自己的空氣，那些故事完完全全只屬於我的空氣。

我不能被她打敗，怎麼可能只因她的臉上笑意，我就輕易打開，多年來，我辛辛苦苦建起來的城堡。我看過卡夫卡的城堡，他一直走不進那座奇怪的城堡，但是我跟卡夫卡剛好顛倒，我是一直守在城堡裡頭，我不知道為什麼，卡夫卡沒有自己的城堡，卻硬要走到別人的城堡，這當然沒有路可以走。我就是城堡裡唯一的主人，我絕不邀請任何人進來我的城堡。

但是我的城門是不是有些微開了？這是怎麼回事？在

她面前待得愈久，我就一直浮現出媽媽的往事。奇怪，我的記憶裡並沒有那麼多關於媽媽的往事啊，怎麼我待在她面前，卻覺得媽媽的往事要淹沒我了？一定是有很多很多往事，我才會有被淹沒的感覺吧？可是真的沒有那麼多往事啊，真的，沒有那麼多往事啊。我要如何表明，她才會接受呢？

愈來愈奇怪的是，她愈不開口說話，我卻不由自主地有更多話想要說出口。一定是中了邪，不然，怎麼會這樣？原本以為沒有那麼多事可以說，媽媽的事，卻一件一件浮上心頭，讓我愈來愈納悶，有些想法是很小很小時候的事了，我怎麼可能會記得呢？譬如，媽媽在脫下絲襪時，曾對我說，要我安靜地躺在一旁，不要出聲。我那時候怎麼可能知道，她在脫下絲襪呢？我只記得，我只能在旁邊，伸起自己的腳在空中，再用手去抓著腳。現在我還是不知道，難道只是因為無聊，當年我才這麼做嗎？

但是媽媽跟另一人在旁邊，可是很吵雜啊，我怎麼可能無聊呢？難道那不是無聊，是自己玩著愉快的遊戲，但光只是玩著自己的腳，怎麼可能會有愉快的感覺？這就是我現在還想不通的事了。反正還有很多往事，就這樣子浮現出來。

還有，我可能玩自己的腳太高興了，有嘻嘻笑的聲音吧，和媽媽一起的男人竟然大聲嚇我說，要把我的雞雞割掉，那時我才知道，連躺在床旁玩自己的腳也不行，我只好沈默不出聲。可是我已經記不起來，我玩自己的腳的遊

戲，是到什麼時候才不再那麼好玩？

更可怕的是，現在，這些想法竟然擠著一直跑出來，好像有股水瀑布在某個地方，直到現在才一直要流出來。我絕對不能讓這些想法完全跑出來，尤其是在她面前。我一直想要跑廁所尿尿的事，我都一直忍受著，不想讓她知道。當我走進她的地方，我就有尿意出現，雖然第二次後，我就提早來，不是我喜歡來她的地方，是我要有時間先上廁所。我不想在她那裡一直有尿急的感覺，但是就算我提早來上廁所，解了尿，每當我走進她的地方時，沒多久，我就想要上廁所了。但是，我不想讓她知道這個秘密。

因此大部分的時間，我都在掙扎著，腦海裡突然冒出來，愈來愈多的想法，有小時候還不會走路前，被媽媽帶去會出現奇怪聲音的地方，在那裡發生的事情。坦白說，我覺得這時候所出現的那些景象是被硬塞進來的，大部分景象，我以前根本沒有這些印象，但是這些景象浮現時，我卻是明白地覺得，這是我的遭遇，是當年曾經發生的往事。至少我覺得沒有理由不相信，這些浮現出來的景象不屬於我。

這些浮現的景象就這樣變成了我的往事，後來，我就無法從這些故事裡逃脫了，因為這些景象真的變成了我的一部分，是我的往事。雖然我仍然不想告訴她這些往事，那是我的往事，跟她毫無關係，我幹嘛告訴她呢？她難道不知道，她只是個陌生人嗎？我憑什麼要對陌生人說我的往事呢？我甚至連我想尿尿的事，都不想跟她說了，我怎

麼可能跟她談我的心底話呢？

　　嗯，不，我不覺得後來跑出來的這些故事，是我的心底話，這些故事只是在腦海裡打轉的故事，我無法抗拒它們，說它們不是我的故事，但是我卻不覺得是藏在心底的話，是來自心底的話。

第三幕　我的戲碼（我想對他說）

（我獨自坐在白色的空間裡，細雨聲，在窗外，滴答滴答響著。）

　　我需要花很大的力氣，才能讓我鎮定下來，那是很明顯的複雜感受，我對自己的要求是，謹慎地聽他說話。當我這麼說時，並不表示我對於自己所做的沒有任何疑惑。畢竟，我為什麼要堅持少說一些話，多聽他說一些話？

　　這不是法律之類的條文規定，而是我對自己的期待，如果我是想真的多了解他，到底怎麼回事，跟父親糾纏得如此深刻的男孩，被逼來要和我說話，卻完全不知道我到底能幫上什麼忙？每個人總是如此不同，我很難說服自己，我以前的經驗一定可以用得上，甚至有時候，我還猶豫著，我以前的經驗是否只是造成對立，造成我和他處在更遙遠的對立面？

　　起初，他是不會告訴我，我最想知道的答案，為什麼他和父親這般爭執？這些爭執像是魚餌丟進水中，引來一

群魚，水面上引起騷動好像連爭執也是會被吃完的東西，然後魚群散去，水面恢復平靜，好像沒有發生過什麼事。

每當我想要插嘴，想跟他說些想法，我卻發現我都落後了，當我的話語要說出口時，水面已經平靜了，我的話語會起一些漣漪，但是漣漪只是漣漪。

不過，沒有很久吧，這種情形就變成另一種場面了。不論是我沈默，或者我只是試著要請他多談一些事，我的反應就像是，我自己變成了那個水池，我就是一個水池，我還不知這麼形容是否適切，不過就先暫用這個感受吧，當我變成水池，而且是他的水池，我的沈默和說話，都會反映出我內心的波濤，只要是波濤，都會讓他覺得有奇怪的東西在底下，他就會開口，想要吞沒底下的東西。不過這只是我的比喻，雖然是具體比喻，但可能還是有些抽象，我就舉個例子吧。

當他說媽媽根本就是賤女人時，我是大大的嚇一跳。從他的故事來說，我是有些預期，在他心中，媽媽拋棄他，讓他和爸爸變得糾纏不清，當他真的使用這幾個字來描述另一位女人時，我心中是起了一些波浪，我自信自己很鎮定，畢竟，他說的並不是指我，而是針對他媽媽。

至少這是我的希望，他沒有什麼好理由，把我牽扯進去啊，我不過是位陌生人，是他爸爸逼他來找我談談的，但是我覺得自己是水池，這是怎麼回事呢？

看來有可能是在我願意接受，我不再只是我想要的自己，並且是在我不情願的情況下發生的。當我覺得自己像

個水池，他正丟很多東西進水池時，我是早該想到局面是
這樣子了，但我是不甘願的，我還認為他罵媽媽是賤女人
時，我心中的震撼才是真正的故事，他罵的對象不只是他
媽媽，當年拋棄他、丟下他和爸爸的那個女人，不只如
此，還有我很難描述的事情，早就發生過了；在我願意這
麼想之前，就已經發生了。

好吧，是這樣子，我重新說發生在我身上的事吧。我
覺得當他罵媽媽是賤女人時，他說的這句話也有針對我，
但是我不願接受他這麼想，我根本沒有參加過他早年的生
命故事啊，我根本不想承受他硬要把我拉進他的故事裡，
而且是早年的故事，這幾乎是不可能的事，但是它真的就
像剛發生的事件般，發生在我眼前。他把他早年故事裡的
媽媽拉出來罵，我卻覺得他在罵媽媽時，就好像媽媽就在
眼前，偏偏這時候只有我在他面前。

這種在眼前的現象是個重點，雖然時間早就過去了，
他的心情和反應就好像發生在現在的眼前，從前的故事還
在眼前發生著。這讓我有些困惑，或者說我是以困惑來表
達我的拒絕，雖然困惑和拒絕之間有很長距離；困惑，乍
看起來至少還有想要了解的意思，而拒絕就是拒絕了。

但是某個瞬間，我感到的困惑卻和我的拒絕，是重疊
在一起的時間感，在這裡也被重疊在一起，眼前是從前，
我就這樣子被拉進他的故事裡，而且在我知道這樣發生
前，它就發生過了，以完成式的時態發生過了。

是什麼東西讓時間變成這種模樣呢？是原來的感覺凝

固了？他的還是我的？我並沒有參加過他的童年啊，我怎麼會變成他口中的賤女人呢？但是我已經被他推進水池裡了，或者我根本就變成了一個水池，所有波浪都是他的，由他來研究解讀，我是怎麼樣的波浪和心意？

好吧，好吧，也許我要稍微節制一下，對於自己不情願被他這麼對待。我對於他把我當作賤女人，我相當介意這句話，好像灰塵落在乾淨的黑色平台上，只想趕緊用雞毛撢子將灰塵弄掉。

我想對他說，請把你的話吞回去，我不是他想像中的那種人，那種女人，至少如果他認為媽媽是賤女人，那不干我的事。但是我想要他把這句話吞回去的想法，馬上被我自己推翻了，因為他說賤女人時，雖然是在我面前，口氣上，好像就是針對我而說的，不過他並沒有指名道姓地說是我，因為背景裡，他是正說著他的媽媽的故事，但是這是一件很有趣，讓我好奇的事。

為什麼當他說著媽媽的故事時，隨著故事的進展，那個故事變得愈來愈像是我的故事？我的意思並不是說，我曾發生過和他媽媽雷同的故事，我完全不曾有跟他媽媽相同的故事。例如，嫁給一位如他眼中暴怒無常的爸爸，這完全不是我個人的經驗。

仔細再想，他起初把我當作是陌生的女人，但是我發現不到半小時或者更快的時間，我就不再是一位陌生的女人，這不是說我就是他很熟悉的女人，一點也不，因為有時候我的坐姿稍微動了一下，在那瞬間，他的眼神認為我

是他完全陌生的女人，他還帶著一點點訝異吧，他怎麼會
對我說他的故事？這種瞬間愈來愈短暫，不過，我可以確
定就算很短暫，我還是可以發現，我才是我自己，他是以
要如何對我說話的疑問，讓我發現我是我自己。

　　不過，愈來愈快，他很快就把我當作是他熟悉的人，
這實在有點怪異，明明這不合現實，或者說這時候所謂現
實，只是一種背景，不是真實，因為更真實的是，他把我
當作賤女人，那時刻才是最真實的我，不是我要接受他這
個形容，我一點都不想要，我幹嘛被他當作是賤女人？

　　我後來才知他是這樣看我，認為我是賤女人，我是想
要拋棄他的女人，也是只會胡搞瞎搞的女人。他並沒有將
我當作是媽媽的角色，而是把我當作女人。嗯，我原本以
為他正在說他媽媽的故事，我才會被激得想要對他說，我
可不是你媽媽。雖然我會帶著幽默口氣，但是一定無法完
全揮走，我潛在覺得他把我當作賤女人的不滿。

　　當我想到，他其實是說賤女人而不是賤媽媽，我才突
然有種了解的感覺，但是我感覺什麼呢？唉，其實只是一
種模糊的感覺，我怎麼把模糊的感覺，當作是了解他呢？
嗯，仔細的說法是，我是了解自己，不是了解他。

　　原諒我吧，我只是嘗試要在這難以說話的情境裡，找
出更多的話來描述那可能是什麼，也許可以作為我的路
標。我不喜歡走暗路，但是既然已經在暗路裡了，尤其是
被鋪天蓋地的推進了暗地，我被逼得只能當他話裡的賤女
人，連我覺得用比較輕微的壞女人的說法，都不夠用來稱

呼他心中的那個女人。

　　好吧，也許我該冷靜下來，不要再覺得我不是他所說的賤女人，我如果不要想這是怎麼回事，而只是把這句話當作是髒話貼在我的身上，我只想要把它揮走，問題是主動權完全在他那邊，並不是我，我卻以為我可以揮走，他丟在我身上的圖像，好像那是可以撕下來，丟進垃圾桶的色情海報。我的任何掙扎，可能都是讓相片裡的人更像是色情的反應。

　　因為那已經是在這種景象裡了，不是我起初以為的，只是他拿著一張色情海報，要張貼在我身上而已。也許我早就感受到是這樣子，是我不願如此發生，而仍堅持認為他只是張貼色情海報。這變得無法想像到底是怎麼回事，而且可能不但揮不走，甚至讓我要揮走的任何動作，都變成色情裡的挑釁動作。並不是我很樂意這麼想，想到這種可能性時，我仍是覺得不可思議。

　　我回到先前曾一閃而過的想法。為什麼他不是把媽媽當作是壞媽媽，而是當作賤女人呢？後來我聽到他說，是爸爸，爸爸提到媽媽時，常常是說那個賤女人。不過雖然同樣的字眼，我也無法說就一定是我想像的那種意思。不過粗略來想，就算不是以我的想法來推論，從他形容一個女人是壞媽媽或賤女人，應該是有不同的意思吧！

　　尤其是如他匆匆帶過的話語，爸爸只要提到媽媽，就說是賤女人，他也是認為媽媽是賤女人的說法，難道就以是學習爸爸的行為，就可以解釋了嗎？這字眼來自於爸

爸，是否當他說賤女人時，其實他是爸爸，或者說就像爸爸那樣？也就是，他自己變成了自己的爸爸？我這樣想一定是很奇怪，讓不少人覺得我的推論太過火了，嗯，也許吧，不過我總要嘗試多想想，才不會被套在這個難以脫身的模樣。我相信唯有我的想像，多方想像，才有機會讓自己不被套住。

至少一個男人，受爸爸的影響，也叫自己的媽媽是賤女人，這件事就是一件悲劇的開始，我必須說這只是開始，不是結束在悲劇。以悲劇開始，最後會是什麼？除了還是悲劇，還有其它可能嗎？有比悲劇還要悲劇的嗎？那還是悲劇嗎？我不是故意玩弄語詞，我真的很認真想著這些問題，認真的產生問題，至於答案就先不著急了。

因為我直覺這時候的答案，不論是針對什麼問題，這些答案有可能只是讓我再被拉回原來的困局裡。這只是我的直覺，因此一時之間，我還無法說清楚這是什麼意思，或者是否真的如此？我想起曾有些研究者說，產生好問題，就自然有答案跟著來了，因此，重點在於好問題，但是這種時候，我連是不是好問題都不敢說了……

當他說再見時，我卻突然知道，他要說的是什麼？

第四幕　我的戲碼（我想對他母親說）

（下班後，我走在熱鬧的街頭，不時有車子加油的引擎聲

出現在背景裡，不同車子的引擎聲，氣氛是有些急躁，有時稍安靜，但是安靜時間相對少了些，不過爲了讓思考可以繼續，引擎聲不要太大到會讓思緒被打斷。）

很奇怪，對於這個未曾見過面的人，卻是他對我說話時的主角，他的媽媽，我甚至無法確定，是不是有你的存在？不過，可以確定的是，一定有一位女人，曾經懷孕生下他。這是無法懷疑，但是除了這點以外，我要如何聽他說關於你呢？

如果沒有你，就無法有他的話題，至少很多時候是這樣子。因爲你的存在，他才會有那些話題，他說的是你的不在，你的缺席。很奧妙的是，就在他旁邊的爸爸，他很少時間談他，倒是幾乎花了所有時間在談你，談你的不存在，好像他可以爲了一滴不到嘴巴的奶水，往後人生就一直談這滴奶水。

只能說你就是以這不可思議的方式存在，他和我之間，就算藉由話語裡的你，將你塞進我和他之間，讓我和他之間有時像是，一道愈說愈遙遠的深溝；有時像是，根本沒有轉身的空間。你是擠在我和他之間，連我都會不自主地想揮手擺脫你。

我當然知道，何況在實際情況下，也難以否認了，那滴掉在地上的奶水，才是他人生大戲，主要戲碼裡的主角。我甚至不知道這麼形容是否恰當，畢竟這是奇怪的事吧，人們竟會把一滴沒有滑進嘴巴的奶水，當作一輩子的

主角，重複又重複地說，或者以數落來形容會更貼切些。

也許還有其它比喻，如果我想到再拿來談談，不過，現在我腦海裡，盡是被這個景象佔滿了。我這麼說，好奇怪，我和他之間，怎麼可能被一滴未入口的奶水佔滿呢？

你是不存在的方式，這是好奇怪的說法，卻是我愈聽他說你時，愈聽愈明顯有這種感覺。我也覺得很奇怪，你以不存在的方式存在，我不確定你是否如他所說的，你拋棄他，你背叛他，你遠離他而去。

我無法從他曾說過的話裡，了解你是什麼時候走掉的，白天或晚上？在他眼前走掉，或者是他不在場時，你悄悄地走掉？並不是他沒說過，而是他說過很多不同的版本，但是你只有一個人啊，你的離開方式怎麼可能會有不同方式呢？我曾試著想問，他是否知道說了不同的版本？他同意，只是口頭上的同意，他的腦袋想什麼卻是另一件事。

他再來時仍是說著你離開的不同方式，好像曾經同意我的話，卻根本就不算是話，後來我慢慢拼湊出來，你離開的時候，他還是只能躺在床上無法自己翻身的時候。我無法確定那是否真的，或者只是反映著，他對於你的離開充滿了困惑？

這種困惑是如同嬰兒般，連看都無法看見的看見。他只是嬰兒期般的狀態，只能躺在床上的年紀，但是我懷疑如果真是這種年紀，怎麼有辦法說出那麼多對你的批評，以及對於你離開家的眾多不同方式？

我是好奇你離開時是什麼心情？是否不忍心，曾在他

耳旁說過什麼話來安慰他？不過，我無法從他的話語裡得到這些訊息。他後來幾乎花了所有時間，尋找如何詛咒你的話，也許就是這樣子，讓他在描述你時，雖然最後我可以歸納，他就是罵你拋棄他。

他並沒有把故事說得這麼單純，這也是我想著，他可能花了所有人生時間到處找語言，就像在導演安哲羅普洛斯的《永遠的一天》裡，描述有位詩人在尋找字句，詩的字句，他無法自己想得到的字句。只有透過別人說的語詞，來捕捉記憶裡曾經存在過，卻出現在目前周遭人所說的話語裡，不被察覺得到的陌生領域。

嗯，是啊，那詩人是在眼前人物的話語裡，尋找說話者不自覺的詩意，對詩人來說，詩意是指曾有的一切，以濃郁的方式藏身在字裡行間。以前我覺得，所謂字裡行間只是詩意的假設，但是他故事裡的你，卻是如此具體，雖然明明你離開時，他根本無法看清楚你的全貌。

甚至連你的乳房，可能都沒看過幾眼，他卻一直送一位很具體的女人，他口中的你，來到我的眼前，好像我不能失去機會，必須看清楚你，不能像他當年那樣，沒有機會看清楚你。因為這樣子，他只好把你，從影子想過千百遍後，愈來愈具體成形的你，就這樣搬到我的眼前。

我謹慎地透過他的話語，以及話語之間那些難以形容的內容，來重新想像你是什麼樣子？直到有一次，我聽到他在談到爸爸時，被爸爸責打的喊叫聲，我才突然覺得需要再重組你的模樣，就是你發出慘叫聲時的模樣，但是這

很不容易想像，因爲這種聲音幾乎不曾被他納進，他對你的想像裡。

也許你不應出現在那種場景裡，這是他霸道的決定。他可能不覺得那是霸道，而是一種善意，不忍有你的慘叫聲出現。如果有這種善意的結果，是你背叛他而去，但如果你有被打時的慘叫聲，那麼就很難說，你是背叛他了。

一個人要逃離時，是什麼模樣呢？也許這也是他一直不解的習題吧？不過，他對你還沒有想到這個命題，對他來說，你還在很遙遠的地方。當他這麼憤怒你背叛他時，我好幾度覺得，這種憤怒還不是最難吞下的一口氣。

還有什麼更難以吞下去的呢？看來可能是有的，例如，如果他的腦海裡出現的是，你落荒而逃的模樣，那麼他還能靠什麼走下去呢？畢竟，他連走路的腳都還沒有長得很完整，雖然腳從出生就在那裡了，但是還不能走開的腳，也叫做腳嗎？

是你先有腳的，不然你不會離他而去，但是他的心卻出走了，一直走進對你的生氣裡，這是我發現他把你粘在我身上，好像你是皮膚而已。但是貼在我身上後，你就完全回家了，是回家嗎？我不確定這麼說是否對的？

我後來是漸漸發覺，他不是在談你，是在談我，並不是直接真正的談我，是我的樣子好像就是你，或者也常常覺得你的樣子就是我。我無法做出任何判斷，這裡面的實情是什麼？因爲他眼中的我，可能也是真實的，是我自己不曾注意過的自己，或者是被我拒絕而徘徊在外的自己？

　　至於要說他硬把你的某些樣子，塞在我身上，我也很難如此確定，因為我根本無法確定那些你，怎麼好像都有一點點的我。這是我能察覺的，但是你當年的樣子，怎麼可能有我，在當年的你身上呢？或者你當年的殘影，在我身上得到了落腳的地方，以致於我總是覺得，他是在我身上找尋你的模樣？雖然也有更多時候，是我覺得他塞給我，你的模樣，我已經重複說過這點，也因為是如此困惑，因此反來覆去地，從不同角度來談一點點模樣。

　　說到自己，也許我該安靜一下，好好想想我是在消化目前的困惑，或者我仍然排斥著你？因為我並沒有拋棄過他啊，他竟然一直覺得，我隨時都在拋棄他，或者隨時都會拋棄他。這當然是你的緣故，是你留在他心中的陰影。我真的一度或者一直都在怪你，都是你，才會讓他那樣子看我，以為我也是要拋棄他的人。

　　但是對我來說，我是多麼無辜啊，我們不過是偶然交會的兩個人，他是被他痛恨的爸爸逼來找我談談，只是談談，雖然我早就知道，這種只是談談，重點不是在談談，而是在只是這兩字。

　　因為只是，所以並不是全部，甚至這種只是，愈來愈明顯的是，他只是來跟我談你，談你的背叛他，一點也不是他有問題，要改變自己，幾乎沒有嗅到，他覺得需要改變的意思。

　　他要的是做自己，你的離開也是做自己，顯然地你的做自己，對他來說是背叛，甚至是帶點骯髒的意思。骯髒

的意思是指，你是跟別的男人走了，而這個男人竟然不是他。不過這句話是我的感覺，並不是他說出來的話，他提到你時，並沒有做男人的意思，雖然一直罵你是賤女人。

甚至大部分時候，也把我拖下水，我是跟你一樣的賤女人，我已經說不少了，我不想再重複，那都是以你作為重要角色的延伸，或者要把我塞進你裡頭。真的有些複雜，這是你存在的方式，透過我而再度存在。

我無法真正的知道，你以前在他心目中是什麼樣子？但是這時候，他眼中的你，幾乎是他看著我的時候說的，他對我說著你的種種事情。常常在語意上，他會說出你這個主詞，但是在我面前對我說，你是個賤女人時，瞬間那個你的主詞，幾乎就是指著我了。

顯然我的確很介意，被他當作你，或者當作你也還好，只是他一直說你是賤女人。後來，我甚至會覺得，你是賤女人的印象是來自於我。他是覺得我是賤女人，然後才說你是賤女人。我不知道他以前如何描述你，因為就算他說在以前是如何說你，我也無法確定你真的是那樣子。

後來，我一度覺得他是先那樣子看我，然後才把你說成是那樣子。如果是這樣子，那就變成了，你的樣子並不是你原來的樣子，而是我的樣子。他是以我在他眼中的樣子，來說你這樣子，你這個媽媽只是披著我的樣子而已。

我不知道這麼說，是否太誇張？我必須說這是很自然的想法，我不是刻意這麼想像，而是在他對我談著你時，在某種時候，這些感覺就浮現出來。我無法控制這種想

法，雖然這樣子的結果，讓那些關於你是什麼樣的人，有一些是我自己先確認，有一些是來自他的說服。我實在無法一個一個檢視，如果是基於我完全無法確認，以前的任何故事，關於你，那麼我要如何了解，這到底是怎麼回事呢？

可以想見的是，有我的潛在的決定在裡頭，關於你是什麼樣子？唉，這實在太奇怪了，但是我倒覺得這是比較貼近事實，因此當我想要跟你對話時，無疑地是陷在這種複雜的局面裡。到底我是在跟他所說的你對話，或是在跟我認為的你說話呢？或者更有挑戰的課題是，到底這種對話有什麼意義嗎？繞了一圈，說人和人之間很複雜，然後就結束了，卻仍需要在裡頭，勉強地尋找它的意義嗎？

我有一句話擺在心中，一直猶豫是否要說出來？嗯，還是說出來好了，畢竟，回頭看來，這是我著手書寫這些奇怪戲碼的緣由。如果我對你說，其實這些言語可以補充佛洛伊德這位偉大人物的論點，他說出來的是為了科學目的，而經過歸納整理的概念，是一種整合後的後設概念。

但是我的做法是拆散這些後設概念，嘗試走過佛洛伊德曾經走過的內心戲，並將這些內心戲的某些角落，使用很多字來看清楚，什麼是我話語裡的你？

這個你，不是全然的我，也不是全然他心中的你，因為我相信，一個人要把任何人以這種敵意方式記憶著，而且不想拋棄這種敵意；我只好假設這種記憶方式，如果說成是懷念的方式，可能又有些不同的意義了。

　　如果這是他懷念你的方式，意味著這些敵意只是表面內容，你是另有其它意義，卻是他到目前爲止仍難以相信，你是他要的那種人，不只是媽媽，而是另一位女人。

　　只是一時之間，以賤這個聲音作爲蓋子，到底這個蓋子打開後，會是什麼樣的你呢？我也很好奇，雖然我已經隱隱約約感受到，可能有些什麼想法深藏在裡頭？

　　不過，在目前，那是天機，關於你的天機，還不是該由我來洩露的時候。

謝幕

　　每個人都還有很多話要說，但是時間到了……

　　（我輕聲說）當他說再見時，我卻突然知道，他要說的是什麼？

跋

　　先提醒各位，不要將這本書當作是治療者的手冊，雖然我很有把握，只要經驗過精神分析取向的心理治療，不論是治療師或個案，都可以從我的文字，捕捉到一些片段的光線或者黑暗。這是主觀經驗的文字化，我無意以寫教科書的方式呈現我的經驗。這些都是我消化過的組合和想像，不是某些單一個案的素材，是我何以一再強調，不要將這本書當作教科書的緣由。

　　出版這本書後，不久就將是臺灣精神分析學會承辦，國際精神分析學會主辦的亞洲區國際會議了。日期是2017年5月4日-6日，而5月6日是佛洛伊德的生日。

　　在協助準備這場國際會議的行政繁瑣過程裡，同時修改這本書的草稿，這本書的格局仍是維持著前兩本的方式。我交待一下，我會以「小小說」為標示，來取代原本「精神分析取向心理治療經驗談」，放在本書的第一部分，卻將接近論文型式的文章稱為「雜文」，放在本書的後面，並不是它們不重要，因為後面也可以是「後頭」。

　　雖然並未如論文那般嚴格地有引用文章的羅列，而將「小小說」和「雜文」這兩種新名稱放進來，是為了我不希望讀者將我的書當作像是教科書，希望從文章得到如何當個治療者或當個病人的方式，這不是我書寫本書的主要

目的。

　補充開頭的說法，我刻意要淡化這些文章的學術論文特性，希望大家會因爲形式上而有所警覺，這本書只是作爲多思考的文字，不要在字裡行間找尋一定要如何做的答案。我要的是大家就當作「小說」來閱讀，以能夠增進想像力爲重點，因此將略有正式規格的文章視爲雜文。

　這些反應是我個人對於嚴肅的小小違逆吧！

　我的書寫不論是詩、小說、隨筆、雜文等，都跟我在松德院區思想起心理治療中心，和臺灣精神分析學會裡的精神分析經驗有關，都是培養我深耕文字的沃土。幸運地，我在兩個機制裡都親身參與了，和同伴們共同努力從無到有的建構過程。

　我當然期待這些文字值得存在並傳承下去，我也相信當精神分析和精神分析取向心理治療在台灣的發展，愈落實在地，愈深耕內心，這些文字的被了解和被閱讀，勢必愈有餘韻。無論別人如何看，我是如此深信。

（2016.11.21）

作者謝辭

感謝楊添圍院長、林玉華教授、李詠慧心理師、李俊毅醫師的推薦文。他們的意見、疑惑、讚許、期望和故事將是我的重要回憶。例如，玉華讚譽的，我是台灣精神分析之父，我心領她的心理圖像，也感謝我們曾經以及未來的合作。但我內心深處看見了，精神分析在台灣有前輩們的腳印，我是腳印裡的苔蘚植物，努力伸出頭探望世界，期待腿可以變長的人。

感謝學長陳至興醫師的提醒，不要忘了母校，因此在作者簡介加上「高雄醫學大學阿米巴詩社成員」，當時的詩、酒、朋友和搖滾樂，孕育我至今仍不息的書寫欲望。也希望陳永興學長等的呼籲，高醫大的董事會裡，陳中和家族的奇怪勢力退出，讓我的母校再創高峰，如果能夠如此，自然需要感謝他們，雖然看來還有長路。

去年九月中旬，接到英國精神分析學會的好友 Nicola Abel-Hirsch來信，寄來她正待出版的書的初稿，她從比昂（Bion）所有文章裡，選列出並說明365條引文。她想要在書後謝辭裡，提到臺灣精神分析學會團隊裡的一些人，她也要我們的中文書寫的名字。她就要這麼做，我能說什麼？就是感動啊！我甚至在自己出版的先前兩本書裡，不曾明白感謝她多年的教導。她還客氣問我，是否我也選出

一段比昂的文章和說明，成爲她的書的一部分。我感謝心
意，但不敢列出來，以免破壞她的書的完整性。

另一位新好友Chris　Mawson，原本寫上這些外國亦師
亦友的名字，一來衆多，二來不想被讀者認爲是在自抬身
價，但是有了Nicola的心意後，爲了不失禮也在此公開感謝
Nicola。我把Chris也寫出來，他是Bion全集的主編者。自
從他在2016年10月，接受松德院區和臺灣精神分析學會的
邀請來台演講後，我跟Chris在網路上的討論就相對頻繁
了，他幾乎是有問必答，我也就跟他沒大沒小了，樂於表
達我的有限經驗。

這段時間正巧是我在修正這本書（我的第三本書），
也同時正在寫第五本書草稿的過程，我必須說和他的討論
雖是片斷，但增加我對於某些議題更有信心。雖然不能拉
他來保證什麼，文責當然我自負，因爲我要寫的是自己的
想法，但是總不能沒有感謝吧。他曾說要試著從哲學家海
德格、精神分析家克萊因、漢娜西格（Hanna　Segal）等人
的角度書寫比昂，這只是他的初步想法。我相信，他的想
法就算有人模仿，也不會是他的，因此我就透露了這些想
法，我是等待著他的書。

另一位需要感謝的亦師亦友Rudi　Vermote，他來台灣多
次了，談論晚期的比昂是從東方詩和禪的角度，和Chris從
西方哲學的方向有所不同，不過都是有趣的題材。當然還
有不少外國師友需要感謝，不過就默默放在心中了。

松德院區思想起心理治療中心的團隊成員：劉佳昌、

邱顯智、陳俊澤、許欣偉、楊大和、邱智強、黃彥勳、洪翠妹、范瑞雲、魏與晟等，是值得常提到並感謝他們的，能夠有一群好同事一起工作是幸福的事。

2017年5月4日-6日，由臺灣精神分析學會承辦，國際精神分析學會主辦的亞洲區國際會議（主題：亞洲伊底帕斯），以及5月3日晚上由國際精神分學會理事長Stefano Bolognini的公開演講，整個準備過程的執委會成員：周仁宇、楊明敏、林俐伶、劉佳昌、許豪沖、陳冠宇和蔡榮裕，以及一起和我們打拼的眾多成員們，包括小組長：魏與晟、李詠慧、李郁芬、李昭慧、吳麗琴、黃彥勳、張秋茜、吳念儒、吳立妍、謝佳芳等人，再加上其他無論資深或資淺會員們默默的協助，人數眾多，無法一一在此列記，我作為執委會的一員，自然是銘記在心。

在這個準備過程裡，我們是一起工作並成長，見識一場國際會議是如何在我們的合作裡，一點一滴的成形，我想大家是點滴在心頭的。我也期待這些合作所建構的默契和觀點，不會隨著會議結束而消失，仍可以有助於臺灣精神分析學會的在地生根滋長。我與大家一起出了一些力，但也是有形無形的受益者。最後，感謝所有報名參加這場會議的人。

最後，再度感謝無境文化出版公司，和協助這本書出版的執編游雅玲、校對葉翠香、封面設計荷米斯工作室以及總經銷臺灣商務印書館。

國家圖書館出版品預行編目（CIP）資料

精神分析能動創傷幾根寒毛? / 蔡榮裕作. -- 初版. -- 高雄市 ： 無境文化，2017.03
面 ；公分. -- （（思想起)潛意識叢書 ； 3)ISBN 978-986-92972-5-7(平裝)
1.精神分析 2.心理治療 175.7106001214

精神分析能動創傷幾根寒毛？

作　　　者｜蔡榮裕

執 行 編 輯｜游雅玲

校　　　稿｜葉翠香

版 面 設 計｜荷米斯廣告設計有限公司

印　　　刷｜侑旅印刷事業股份有限公司

出　版｜Utopie 無境文化事業股份有限公司

地　址｜802高雄市苓雅區中正一路120號7樓之1

電　話｜07-3987336

E-mail｜edition.utopie@gmail.com

◆ 精神分析系列

【在場】精神分析叢書　　　　策劃｜楊明敏

【思想起】潛意識叢書　　　　策劃｜蔡榮裕

【生活】應用精神分析叢書　　策劃｜李俊毅

總 經 銷｜臺灣商務印書館

地　　址｜23150新北市新店區復興路43號8樓

客服電話｜0800-056-196

客服信箱｜ecptw@cptw.com.tw

初　版｜2017年 3 月

ISBN｜978-986-92972-5-7

定　價｜380 元